华中语学论库(第七辑)

邢福义　主编

邢福义新国学文章之研析

邓天玉　著

华中师范大学出版社

新出图证(鄂)字 10 号

图书在版编目(CIP)数据

邢福义新国学文章之研析 / 邓天玉著. -- 武汉:华中师范大学出版社,2024. 12.

ISBN 978-7-5769-0824-4

Ⅰ. H0

中国国家版本馆 CIP 数据核字第 2024451JK2 号

邢福义新国学文章之研析

XINGFUYI XINGUOXUE WENZHANG ZHI YANXI

©邓天玉　著

责任编辑:魏冬晴　　**责任校对**:童　雯　　**封面设计**:罗明波

编辑室:高等教育分社　　**电话**:027-67867364

出版发行:华中师范大学出版社有限责任公司　　**社址**:湖北省武汉市洪山区珞喻路 152 号

电话:027-67861549(发行部)

网址:http://press.ccnu.edu.cn　　**电子邮箱**:press@mail.ccnu.edu.cn

印刷:广东虎彩云印刷有限公司　　**督印**:刘　敏

开本:710mm×1000mm　1/16　　**印张**:12.25

版次:2024 年 12 月第 1 版　　**印次**:2024 年 12 月第 1 次印刷

字数:210 千字　　**定价**:58.00 元

欢迎上网查询、购书

序

邢福义

随着历史的发展，社会的进步，科技的发达，语言学在整个世界范围内越来越展示出强大的活力和能量。中国语言学是世界语言学的重要组成部分。为了对中国语言学事业有所推动，我们组织撰写了“华中语学论库”。作为专用名称，这里的“语学”主要指汉语语言学，近期的15年时间里以现代汉语语法专题研究为重点。“语学论库”，这是汉语语言学研究的一个系统工程，如果将来主客观条件具备，在研究范围上可以不断扩大，在研究时间上可以无限延展，在研究队伍上可以辈辈交接，代代传承。“华中”一词，既跟研究队伍的华中群体相关，又跟华中师范大学出版社的名称相关。

汉语语言学源远流长。千百年来，特别是《马氏文通》出版以来，尤其是20世纪70年代之后，由于一代代学者的不懈努力，汉语语言学沿着“创业—拓新—发展”的轨道不断推进。目前，汉语语言学所统括的汉语语法学、汉语语音学、汉语方言学、汉语词汇学、汉语语用学等学科，都已出现了初步繁荣的喜人局面。

但是，初步繁荣并不意味着已经成熟。对于语言学这样一门社会科学来说，成熟与不成熟的突出标志，应该是学派或流派是否已经形成。在这一点上，科学跟艺术情况相同。比方说，我国的京剧表演艺术已经达到了成熟的高峰，最基本的表现就是形成的这“派”那“派”，只要一提到“梅派”和“程派”，稍有京剧表演艺术知识的人就会知道这是两个具有各自特点的著名流派。又比方说，我国的书法艺术早已达到了成熟的高峰，最基本的表现就是形成了这“体”那“体”，只要一提到“颜体”，稍有书法艺术知识的人就会知道它是不同于“柳体”“欧体”等的有独特风格的书写体，甚至还会知道颜真卿打破了“书贵瘦硬”的传统书风，开创了“二王”体系之外的新体。然而，汉语语言学的各门学科，即使是其中发展速度最快的现代汉语语法学，仍然缺乏显示成熟的任何标志，距离真正成熟实际上还十分遥远。

当今的汉语语言学，面临的主要问题是“二求”：一求创建理论和方法，二求把事实弄清楚。这是互补互促而又互成因果的两个问题。没有理论和方法的成熟，一门学科不可能是成熟的。而理论和方法的创建，是学者们长期深入研究的成果，是有效地进行群体性思考、独立性思考和开拓性思考的结晶。因此，必然带有鲜明的个性，带有学派的印记，反映一派学者的思想体系、研究特点和总体成就。另一方面，没有对事实的清楚了解，理论和方法的创建便成为空中楼阁。从现代汉语语法研究来说，之所以至今尚未成熟，自成体系的理论和方法之所以尚未创立起来，最根本的原因还是对事实的了解基本上仍然处于朦胧的状态。真正适合于我国语言文字的理论和方法，最终只能产生在我国语言文字的沃土之上。因此，应该强调“研究植根于汉语泥土，理论生发于汉语事实”。不然，我国的汉语语言学在世界语言学中就可能永远处于附庸的地位，就永远不会有跟国外理论对等交流的时候。

学术派别的产生，起码应该具备三个条件：第一，有特定的学术领地，提示标志性的理论和主张；第二，有鲜明的治学特点，形成一套自己的研究方法；第三，有良好的学风，形成一支富有活力的队伍。近年来的研究状况表明，我国的学者们已经或多或少地显示了各自的风格特点，但是，顶多只能说其中孕育着某些派别意识，或者顶多只能说预示了某种派别意识的萌芽。汉语语言学的真正成熟，需要经历很长很长的历史阶段，有赖于众多的学者群策群力，更有赖于一辈一辈的学者发扬愚公移山的接力精神。我们华中研究群体人数很少，力量单薄，起点不高，功力不足，对于汉语语言学的发展起不了多大的作用，但是，我们愿意跟在前辈学者的后头，跟在全国各地学者的后头，尽心竭力地做点力所能及的工作。如果把建设富于特色的汉语语言学比作建筑一座大厦，那么，我们组织撰写“华中语学论库”，便是想为这座大厦的建筑献上几根钢筋、几块石头。通过参加大厦的建筑，使我们这支小小的队伍受到训练，这是我们的最大愿望。各部著作在内容上具有独立性，但我们希望，在出版了以上二十部之后可以看到研究风格上的某些特色和理论方法上的某种网络。

“华中语学论库”的撰写和出版，得到华中师范大学出版社的大力支持。年初，出版社社长朱峰先生和中文编辑室主任陈昌恒先生到我家，鼓励我牵头编写一套关于汉语语言学的丛书，要我拟订一个初步的计划。不久之后，新上任的总编辑王先霈先生了解了有关情况，立即审定计划，并且从内容到选题都提出了好些中肯的意见。他们为发展学术事业所做的决策，他们在出版事业上的决心、魄力和历史责任感,不管是对我个人还是对华中语言研究群体的所有成员,都是极为有力的鞭策。

千里之行,始于足下!

贵在努力,贵在坚持!

1996 年 5 月 4 日

为邓天玉的著作写的序

天玉的《邢福义新国学文章之研析》一书就要出版，要我说几句话。我非常高兴。

阅读这本书，把我带回二十几年前，我和福义兄的相识过程。

1996年，我休假到北京大学访问三个月。这期间，我到访武汉华中师范大学，认识了福义兄。

当时，华师入夜就一片漆黑，天气也有些寒冷。但白天和福义兄的交谈，以及他为我访问的安排，让我了解了华师，也了解了他和学生们的研究方向。我回新加坡之后，成立了南洋理工大学中华语言文化中心，就把华语和现代汉语语法差距的研究，作为中心的研究重点之一，也向大学建议聘请中国的汉语语言研究者到中心来开课、做研究；同时，也接受华师的毕业生到中心来攻读高级学位。

为了促进学术交流，我邀请福义兄来新加坡从事华语和现代汉语语法差距的研究工作。福义兄要我给他一个月的时间考虑，最后他拒绝了我的高薪聘请。当时，新加坡大学学府特聘教授的待遇，远比港台地区优厚，他却因为夫人的眼神，不接受聘约。这时，我才知道，他夫人瘫痪在床，需要照顾。我之后说：邢先生是个有情有义的人。

我们在中国相处的时间不长，但彼此了解。2006年，福义兄受邀到新加坡来参加学生为我65岁生日所举办的学术庆祝活动，我们才再次见面。

就是这么寥寥几次，却建立了彼此真诚的交往，为我们的友谊垫下深厚的基础。他的“抬头是山，路在脚下”，也常常是鼓励我前进的动力。

我们携手同行，完成了不少事。我所推动编辑的《全球华语词典》《全球华语大词典》以及《全球华语语法研究》(六卷)，都是在他的积极支持下顺利完成的。希望华师继承福义兄的精神，再次发挥领导作用。

天玉的《邢福义新国学文章之研析》是研究和继承福义兄精神的首导。我以和福义兄的交情，向天玉说声谢谢。

周清海

2024 年 9 月 12 日于新加坡

（周清海先生系新加坡著名语言学家、新加坡总理李光耀先生四十余年的华语教师）

前　言

面对西方文化的侵逼，弘扬中国国学刻不容缓。2006年1月10日《光明日报》（国学版）正式诞生。“国学”已成为表述中国文化的主词。2011年8月，为了纪念《光明日报》（国学版）创刊五周年，商务印书馆特出版了两本书——《国学精华编》和《国学访谈录》。这两本书的序言部分，都刊登了邢福义先生所写的《“国学”和“新国学”》一文。

邢先生说，语言研究要充分重视“向”和“根”。所谓“向”，即面向世界，面向时代需求。所谓“根”，即根在中国，根在民族土壤。这就决定了我们对国学的尊重与景仰。中国语言学要得到理想化的发展，用一句话归总，最重要的是形成语言学的中国学派。而要做到这一点，研究国学，承传其优点，无疑具有特殊意义。虽国学作为一个在特定历史阶段形成并产生重要影响的事物，自然有其历史局限，以现代中国语言学来说，研究范围已不再局限于国学的文字、训诂、音韵了；但国学中所蕴含的优良学风、深刻学理和有用成果却是中华民族宝贵的文化遗产，是中国文化的精魂，一直涌流在中国文化承传的长河之中，并且客观上已然形成了新国学。

关于新国学的研究，自2004年到2019年，邢先生在《光明日报》（国学版）上发表了一系列文章，如《在突破口上——谈建立中国特色的汉语语法学》《中国语言研究的“向”和“根”》《国学精魂与现代语学》《“救火”一词说古道今》《“人定胜天”一语话今古》《漫话“有所不为”》《“X以上”纵横谈》《说“广数”》《“十来年”义辨》《“复制”与“抄袭”》《大器晚成和厚积薄发》《“国学”与“新国学”》《“诞辰”古今演化辨察》《俚俗化北味说法“一十名”》《邢梦璜与文化黄流》《辞达而已矣——论汉语汉字与英文字母词》《话说“永远”：从孔子到老舍》《语言哲学与文化土壤》《三国演义之“关公”》《莫写“新型”错别字》《自信有为 构建特色——学习习近平总书记在哲学社会科学工作座谈会上的重要讲话》《自我出新　据实立新》《关于“不亦乐乎”》《国学的学科化与一流追求》《看得懂，信得过，用得上——学风和文风的“九字诀”》等。

2020年4月，商务印书馆将邢先生发表在《光明日报》和《人民日报》上的共计32篇文章，辑录为《光明语学漫录》并正式出版。在《光明语学漫录》的序中，邢先生说，几十年来，他越来越感觉到，要讲好现代汉语语法，必须联系“左邻右舍”的相关现象，诸如古代汉语语法、语用修辞、方言话语、逻辑知识、国学修养等；在此基础上，还必须建立起自己的一套“国产”理论，既重视外来理论的引进，更重视植根于本土的理论体系的创建，对中国学派的形成有所思考。他坚信，这是我国文科各门学问壮大起来，能够跟外国理论平等对话的必经之路。

新加坡著名语言学家周清海先生在其《华语人生》一书中说：“今天的现代汉语是从古代发展而来的，是古今大融合的语言系统，因此汉语教学应该是一种‘古今融合的汉语教学’。同时，语言的学习也离不开文化，语言研究必须与文化紧密结合起来。”

2018 年 11 月，在邢先生《寄父家书》出版座谈会上，《光明日报》(国学版)主编梁枢先生说，邢先生是《光明日报》(国学版)的精神导师，他们一直在邢先生的引领下做事做人。邢先生是一位坚守在“家”的学者，这些年邢先生一直都在构建语言学的中国学派，尝试着在语言学科里发出中国的声音，与西方主流学术思想对话。邢先生是有着大格局的学者，在做学者、做编辑、做学问上，都留下了许多值得学习和反复琢磨的东西。

在《光明语学漫录》的后记中，北京语言大学原党委书记李宇明教授说，邢先生的这些新国学文章耐读，有文趣，可做范文。另外，语言文化问题本应是学术的研究对象，而在学者中，邢先生首先走出书斋，利用《光明日报》发了如此多的上乘之作，对社会文化的进步是一个贡献。

本书是笔者在邢先生悉心指导完成的 42 万字博士学位论文《邢福义国学视角语法研究与其三维学术思想》的基础上，历经十年，多次反复修改完善的成果。特作两点说明：

第一，在选材上，本书从语言学的角度出发，选取了邢先生的十篇新国学文章作为重点研析的对象。在这十篇中，既有微观的语词和特定句式的阐发，也有宏观的语学与国学相结合的理论思考。由于报纸版面的限制，十篇文章虽篇幅短小，但意蕴丰厚。十篇文章均再现了中国语言的精美与中国文化的博大，均体现了邢先生“古为今用，洋为中用”的新国学思路，展示了语言与文化交融互渗的关系，极具代表性。

第二，在写作上，本书借助文学批评中文本批评的理论和方法，立足于十篇文章的文本本身，尝试从文本内部发掘其形式规律，即通过对文本作多重回溯性的阅读，研析邢先生如何运用、安排、整合材料，如何建构结构方式和表达方式，如何实现字面和字下的统一等问题，从而实现对文本语言和结构要素作尽可能充分的研析和解释，最终找出邢先生新国学文章所蕴含的亮点。同时，为了拓展读者的阅读视域，本书在每章的结语部分，还补讲了邢先生与之相关的其他国学文章，试图通过以点带面的方法，来推进新国学文章的深度阅读。

此书为纪念恩师邢先生而作。先生言传语学，身教人魂。先生永远活在我的心中！

邓天玉

2024 年 6 月 30 日

目　　录

第一章　国学的古为今用

国学是中国人的精神家园。这个“家”很大，它不仅凝聚了五千年的文明历史，也承载着十三亿中国人的未来①。因此，实现国学的古为今用任重而道远。

邢福义先生将语言学与国学结合起来研究，写了《国学精魂与现代语学》一文，发表在2006年8月8日的《光明日报》（国学版）上。限于篇幅，原文发表时有所删减。2009年，邢先生出版了《语法问题献疑集》，收录了原文。本文的评说便以此完整稿为依据。

《国学精魂与现代语学》一文，开辟了国学研究的新阵地，挖掘了国学研究的新空间，对国学研究古为今用进行了新的探索，为现代语学的发展提供了新的思路。

第一节　国学优良学风

邢先生从哲学的高度审视国学的问题，对国学的内涵进行了静态和动态的研究，得出结论：国学不仅是静态的定格在历史框架里的国故，而且是动态的涌流在历史文化长河里的精魂。将动态的国学精魂运用到现代语学的发展之中，能够促进现代语学的发展，能够实现国学古为今用的目的。

就语言学而言，国学已不再是僵硬的汉字，不再是活化石，而是可以流动起来的一江活水，是可以古为今用的。邢先生通过辩证地分析，找到了对现代语学发展极为有利的国学精魂，并将国学精魂分为三个不同层次，从实践的角度对国学的古为今用进行了一一论证。

国学中最具生命力的一种学风就是朴学。“朴学”一词，最早见于《汉书·儒林传第五十八》中汉武帝和倪宽的对话。《现代汉语词典》的解释为：朴学，朴实的学问，后特指清代的考据学。在今天，朴学主要指的是朴学精神，表现为质朴、实在、讲实据、求实证。

---

① 梁枢：《告读者》，《光明日报》（国学版）2011年1月10日，第15版。

朴学精神对现代语学的发展，邢先生认为主要表现在两个方面。

一、按朴学精神的要求，充分占有材料，据实思辨，不应疏而漏之

如数词“三”，既可以表示确定的数，比如二加一等于三；也可以表示不确定的数，有时可以表示为“多”，如“三思而行、三令五申、推三阻四、一波三折、举一反三、三人成虎”等；有时也可表示为“少”，如“三句不离本行”。

数词“三”到底是表示“多”还是表示“少”，要依据具体的语境而定。如，同是“三 X 两 Y”，“三心二意”表示多，“三言两语”却表示少；“三番两次”表示多，“三拳两脚”却表示少；“每天三碗两碗地吃肥肉”表示多，“每天只赚到三块两块钱”却表示少。

确定的数叫定数，不确定的数叫约数。可见，数词“三”既可表示定数，也可表示约数。定数和约数都是表示数量多少的数，即统数。数词“三”不仅表示统数，还表示序数。序数就是表示次序先后的数，如，《三国演义》第五十六回“曹操大宴孔雀台，孔明三气周公瑾”中的“三”就是序数。

“三”到底是表示统数还是表示序数，必须结合特定的句域管控才能判定。如，《三国演义》第三十七回“司马徽再荐名人，刘玄德三顾草庐”中的“三”就是统数。统数和序数有时还会发生转化关系，如，“三羊开泰”。“三羊开泰”本是“三阳开泰”，是利用同音关系，把“阳”变换为“羊”，从而增强言辞的语用价值。“三阳开泰”，按古人对事物发展变化的认识，一过冬至，第一次阳气生发；进入农历十二月，第二次阳气生发；一到新年正月，第三次阳气生发，于是万事顺遂，安泰吉祥。可知，“三羊”（三只羊）里的统数“三”，原本是“三阳”（第一、二、三次阳气相继生发）里的序数“三”。所以说，要透彻地理解“三羊开泰”，不仅要知道从“阳”到“羊”的同音借用关系，还要知道连带引发的从序数“三”到统数“三”的转化关系。

因此，根据具体的语言事实可知：数词“三”并不简单，已涉及了定数、约数、统数和序数等方面的问题。这就说明，在现代语学的领域对语言事实进行分析时，一定要根据具体的语言环境来进行具体的分析，一定要尊崇朴学精神，深入语言事实，尽可能地穷尽语言事实，从而得出令人信服的可靠结论。

二、面对新的理论方法和科技手段，以朴学精神反复验证，不应大而化之

如，表示递进关系的“不但”和“不仅”的区别。在 2 656 多万字的《人民日报》语料库中，“不仅”出现了 5 410 次，“不但”出现了 916 次；在 1 587 多万字的当代小说语料库中，“不仅”出现了 694 次，“不但”出现了 966 次。因此，是否可以认为“不仅”多出现于非文学作品，“不但”多出现于文学作品？利用朴学精神进行验证，在社科与科技类的语料库中，“不仅”出现了 286 次，“不但”出现了 34 次。但在《毛泽东选集》（一至四卷）中，“不但”350 次，“不仅”33 次；《邓小平文选》（一至三卷）中，“不但”93 次，“不仅”143 次。可见，在非文学作品中，并不是“不仅”都多于“不但”。

再在文学作品中进行验证，在老舍《四世同堂》中，“不但”出现了 49 次，“不仅”出现了 33 次；周而复《上海的早晨》“不但”出现了 138 次，“不仅”出现了 15 次；杜鹏程《保卫延安》“不但”出现了 11 次，“不仅”出现了 22 次；杨沫《青春之歌》“不但”出现了 14 次，“不仅”出现了 23 次。可见，在文学作品中，也不是“不但”都多于“不仅”。

关于“不但”与“不仅”的区别，还需要从其他角度去做更大的努力。但是通过这个检索的过程，不难发现，语料库尽管很大、很先进，但都不可能穷尽语言事实，即使语料库达到了基本穷尽语言事实的程度，也可能会在求证的角度、程序和方法上出问题。这也说明，在现代语学的领域，尽管有了先进的理论方法和科技手段，但还是需要以朴学精神反复验证。只有将现代理论方法和科技手段同朴学精神结合起来，才能得出真理性的结论。

综上所述，在没有先进科技手段的情况下，要发扬朴学精神，尽可能地穷尽语言事实，对语言事实进行多角度、多层面的研究；在有先进科技手段的情况下，要借助朴学精神，对假设的结论进行多程序、多方法的验证。在现代语学的研究过程和研究结果中，要始终贯彻朴学精神。只有这样，现代语学才能得出令人信服的结论，才能更好更快地为社会服务。

第二节　国学深刻学理

两千多年前，孔老夫子就已提出了有关语言的一条纲领性原则——“辞达

而已”。朱熹在《论语集注》中解释道：辞，取达意而止，不以富丽为工。《孔子大词典》的解释是：孔子认为辞的作用在于言事，因此辞不贵多，亦不贵少，皆取达意为上。

邢先生认为，辞达而已是指在社会交往中人们的言辞能够传情达意，满足具体场合的交际需要。满足交际需要的辞达，是语言运用永远不变的原则。辞达而已涉及语用、修辞、词汇、语法等诸多方面，这条深刻学理既可用来建构语用学和修辞学，也可用来解释词汇的发展和语法格式的演变。辞达而已在现代语学中的应用，主要表现在两个方面。

一、人们的语言运用无处不体现辞达而已的原则

（一）精准贴切的表达是辞达

《红楼梦》第34回中，薛宝钗对挨了父亲打的贾宝玉说：“早听人一句话，也不至有今日！别说老太太、太太心疼，就是我们看着，心里也——”这句话中的“我们”明明是指她自己，但她不好意思直接用单称“我”来自指。这就是语用的作用。可见“我们”一词表达得很精准。

曹禺《雷雨》中，在“劝药”那场戏里，周萍对繁漪说：“听父亲的话吧，父亲的脾气你是知道的。”周冲说的是：“您喝吧，为我喝一点吧，要不然，父亲的气是不会消的。”周冲用的是第二人称代词的敬称形式“您”，符合母子关系；而周萍则用的是第二人称代词的一般形式“你”，不自觉地流露了他与繁漪之间关系的暧昧。可见，作者对“您”和“你”的选用精准贴切。

（二）夸张铺排的表达是辞达

李白《将进酒》“君不见黄河之水天上来，奔流到海不复回”中的“黄河之水天上来”，这是一种夸张的描写手法。因为黄河像一条奔腾翻滚的巨龙，穿行在西北黄土高原的秦晋大峡谷之中。当流至壶口时，宽400多米的河床突然收缩到四五十米，形成特大型马蹄状瀑布，河水似从一巨型壶口中泻下。主瀑布宽40米，落差近50米。急流奔腾的河水泻入槽中，如从天而降，激起数十米的水浪烟雾，涛声轰鸣，惊天动地，气壮山河，蔚为壮观。由此，诗人便说“黄河之水天上来”。其实，黄河发源于青海巴颜喀拉山北麓卡日曲，但用“黄河之水天上来”这种夸张的说法更有意境，效果更好。

杜甫《古柏行》中的“霜皮溜雨四十围，黛色参天二千尺”和李白《秋浦歌》中的“白发三千丈，缘愁似个长”都是采用夸张手法来凸显表达效果。

（三）模糊概略的表达也是辞达

2006年第2期《中篇小说选刊》中的《打火机》一文，写一位女士“就地小便”，写得委婉而又风趣。如，“看看四周，天苍苍，野茫茫，风吹草低不见牛羊，好在也不见人，余真一猫腰钻进了草丛，回归大自然”。

在语言表述系统中，（1）“都”不一定真的“都”。如，冯德英《苦菜花》里有这么一句：“人都走光了，只剩下两个挑柴的。”难道挑柴的不是人？（2）“只”不一定真的“只”。如，有首歌中唱道：“世上只有妈妈好。”难道爸爸不好？（3）“最”不一定真的“最”。如，钱锺书《围城》里有这么一句：“苏小姐脸红，骂她：你这人最坏！”难道真的是她最坏？（4）“没”不一定真的“没”。如，电视剧《都市放牛》中，南瓜买了一件小礼物送给喜妹，喜妹赌气说她想要金的银的，南瓜可怜巴巴地解释：“喜妹，你知道我没钱！”这里的“没钱”就是钱少、钱不够的意思，喜妹一听就懂。如果南瓜说：“喜妹，你知道我钱少！”这就很别扭了。

总之，语言不是数目字，说话不是做算术。不管是模糊的表达、夸张的表达，还是精准的表达，都是为了满足具体场合的交际需要，都是为了达到辞达。

二、语言的变化发展无时不受辞达而已原则的规约

（一）适应社会发展使用新词新义是为了辞达

“下海”一词，在1983年的《现代汉语词典》修订本里只有三个义项：（1）到海中去；（2）（渔民）到海上（捕鱼）；（3）指业余戏剧演员成为职业演员。但在1996年的《现代汉语词典》修订本中又增加了一个新义项——指放弃原来的工作而经商做生意。为什么要增加义项？就是因为要适应社会的发展，满足表达的需要。现在一看到“下海”这个词，肯定多数读者想到的都是经商做生意。

再如，“粉丝”一词来自英语的“fans”，有狂热的迷恋者、狂热的崇拜者的意思。随着社会的发展，执著于某事物或某人的迷恋者和崇拜者增多，在语言表达上需要有一个简单的词语来指代这类人，所以“粉丝”一词便增加了新的义项。“下海”“粉丝”都是为了适应社会发展、满足语言表达的需求而产生的。

（二）适应表达需要选用句法结构是为了辞达

同一个意思可以有几种不同的表达方式。如“我想死你们了”“你们让我想死了”以及“你想死我们了”都是表达我（们）非常想念你。根据不同

的语用场合选用不同的表达方式，就是为了辞达。

又如，是否使用成分共用法也是取决于辞达。如，“在国民党时代，土地是地主的，农民不愿意也不可能用自己的力量去改良土地”[①] 中的“不愿意也不可能”，就是成分共用以使句子显得凝练。而在“我们的目标一定要达到！我们的目标一定能够达到！”这个掷地有声的句子中，就不能成分共用，说成“我们的目标一定要也一定能够达到”。

（三）根据表述要求变动同音字来组造语句也是为了辞达

常言道：“舍不了孩子套不住狼。”在一些方言中，“鞋子”与“孩子”同音，“舍不了孩子套不住狼”中的“孩子”很可能是“鞋子”的讹读，所以这条俗语应为“舍不得鞋子套不着狼”。但是今天人们仍然广泛使用“舍不了孩子套不住狼”，这是因为，这类夸张性说法经历了语言运用的时间考验，在历史发展中已经定型，人们已经淡化了人情理据的深究。根据表达的需要，人们用“孩子”来代替“鞋子”，将“舍不得鞋子套不着狼”说成“舍不了孩子套不住狼”，就是为了凸显必须做出重大的牺牲以获取最终的胜利的意思，就是为了辞达。

又如，“量小非君子，无毒不丈夫”中的“毒”很有可能是由“度”演化而来的。因为“量小非君子”和“无毒不丈夫”互文见义，可以说成“量小非丈夫，无度不君子”。

辞达而已与遵守语法规则是从不同角度提出来的两种说法，并不矛盾。二者都是为了更好地促进交际。不同的是，辞达而已是语言运用中不变的规律，而言辞的语法结构却会随着社会的进步而有所发展和丰富。

辞达而已，话语虽简短，但一语中的，指出了语言发展变化中必须遵循的一个规律。辞达而已不仅制约着语言的运用，而且制约着语言的变化和发展。辞达而已是国学中的一条深刻学理，贯穿古今，并且还将延续到未来。

关于辞达而已的论述，邢先生在《从句法组织看现代汉语的丰富、优美与精练》一文中指出：现代汉语的句法结构倾向于满足辞达而已的要求。丰富的内容可以凝结在简短的句法结构之中。如：

(1) 她也有二十七岁了，身上的伤也这么重，怎么能让她去打奥运会呢？[②]

---

① 毛泽东：《我们的经济政策》，《毛泽东选集》第一卷，人民出版社 1991 年版，第 117 页。

② 鲁光：《中国男子汉》，《中国作家》1985 年第 1 期，第 39 页。

此例中的“打奥运会”就等于说“参加奥运会，在奥运会上打球”。

（2）肖万昌站在一边吸烟，这时责备地看了儿子一眼。①

此例中的“责备地看了儿子一眼”等于说“用责备的眼光或带着责备的神情看了儿子一眼”。

（3）足球！你这一把年纪了还足球？②

此例中仅仅将名词“足球”用在“还”字后面，就表达了还要踢足球的意思。

汉语语法重“意”不重“形”。形式上框架简明，没有繁多的标记；表意上灵活多样，隐性语法关系十分丰富。现代汉语的句子词约而义丰，跟汉语语法的特点不无关系。作为联合国大会和安理会的六种工作语言之一，汉语的丰富、优美与精练是举世公认的。

第三节　国学有用成果

讨论国学，不是要回归到国故，而是为了弘扬国学的精魂，即将国学中的有用成果吸收借鉴，并与现有的研究成果结合起来，最终创建自己的特色理论。就语言学而言，中国语言学的研究既要重视“向”，即面向世界、面向时代需求，同时又要重视“根”，即根在中国、根在民族土壤。作为汉语研究工作者，一方面要重视学习和借鉴国外的理论方法，另一方面又要重视“研究植根于汉语泥土，理论生发于汉语事实”。只有把学习别人的长处和创建自己的特色结合起来，处理好“向”和“根”的关系，才能与国际接轨。

国学有用成果对现代语学的影响主要表现在提倡形成语言学的中国学派、提倡探求和凸显中国语学的特色两个方面。

（一）提倡形成语言学的中国学派

在国际学术交往中，中国语学因原创性学说缺乏、创新性理论不多、学术风格不明朗，所以长期处于弱势地位，无法与别人平等对话。因此，中国语学要得到进一步长足的发展，最重要的是提倡形成语言学的中国学派。学派是学术研究领域走向成熟的标志，伟大的思想只能在学派的争鸣与摩擦中产生。中国语学如果没有学派，就没有该学科的国际地位，而没有国际地位，就没有国际交流的话语权。要形成语言学的中国学派，就必须强调语言

① 张炜：《秋天的愤怒》，《当代》1985 年第 4 期，第 31 页。

② 英怀戚：《都有一块绿茵》，《红岩》1985 年第 5 期，第 7 页。

研究的自主创新，即弘扬民族智慧，突出国家兴盛之“大我”。

（二）提倡探求和凸显中国语学的特色

语言学是一门具有社会性和人文性的学科，在国家提倡振兴民族文化之时强调中国特色更有导向性的作用。季羡林先生曾说：“下一个世纪的前20年，甚至在更长的时期内，都是我们探求的时期。我们必然能够找到‘中国的特色’。只要先‘擒’这个‘王’，我们语言学的前途，正未可限量。”①在中国语学如何形成和凸显自身特色这个问题上，季先生又说：“怎样探求？向哪个方向探求？……我不揣庸陋，想补充两点。第一点是，要从思维模式东西方不同的高度来把握汉语的特点；第二点是，按照陈寅恪先生的意见，要在对汉语和与汉语同一语系的诸语言对比研究的基础上，来抽绎出汉语真正的特点。能做到这两步，对汉语语法的根本特点才能搔到痒处。”②

提倡形成语言学的中国学派同提倡探求和凸显中国语学的特色，实际上是殊途同归的，都是强调中国语学要弘扬国学的有用成果，在有用成果的基础上，发展繁荣自己的语学，最终形成自己的特色理论，即建立有中国特色的语言学理论，从而使中国语言学屹立于世界语言学之林。正如澳门大学人文学院院长徐杰教授在《中国语言研究的民族性与世界性》一文中所说：世界性与民族性是事物的一体两面，表面对立，实则统一。有鲜明的民族性，才有真正的世界性。没有各民族深入挖掘，慷慨奉献本民族的优质元素，就无法打造出内涵丰富、形式多样、色彩斑斓的世界性。

在现代语学中，要弘扬国学的有用成果，促进现代语学的进一步发展与繁荣，助推富有中国特色的现代语学早日诞生，助推富有中国特色的现代语学流派早日出现。

第四节　结　语

在《国学精魂与现代语学》一文中，邢先生站在现代语学的基点上，从语言学的专业视角审视国学的内涵，探究国学的精魂，从理论和实践上挖掘国学精魂对中国现代语学发展的价值，从而实现了国学在现代语学领域的古为今用。该文逻辑严密，条理清晰，论证有力，令读者读得懂、信得过、用得上。

---

① 季羡林：《汉语语法学·序》，东北师范大学出版社1997年版，第5页。

② 季羡林：《邢福义选集·序》，东北师范大学出版社2002年版，第4页。

一、从静态看国学的定格

关于“国学”一词，《辞海》的解释是：“国学犹言国故，指本国固有的学术文化。”国学即指我国传统的学术文化，涵盖哲学、史学、文学、考古学、中医学、语言学等方面的学问。就语言学而言，国学主要是指我国的传统语言学，即文字学、训诂学和音韵学。文字学，是研究汉字的性质、结构、演变和使用等的学问；训诂学，是研究古书字句的解释的学问；音韵学，也叫声韵学，是研究汉语语音结构和语音演变等的学问。

在我国古代，文字学、训诂学和音韵学三者合起来被称为“小学”。这是因为，适龄学童一进入小学就要开始认字，最基本的课程就是文字学。由于文字学跟小学存在这种联系，便很自然地形成一种借代用法，小学被用来代指文字学。后来，到了隋唐，小学的范围有所扩大，因为文字学不仅研究文字的形体结构，而且要研究字义和字音，所以训诂学和音韵学也被包括在内。

1898 年，我国第一部系统的语法学著作《马氏文通》的出版，标志着我国的语言学已从传统语言学进入了现代语言学领域。在现代语言学结构系统里，传统语言学的小学已成为一个历史性的概念。现代语言学在传统语言学的基础上已大大拓展研究领域，研究的内容包罗万象，形成了四大分支：第一分支是汉语汉字研究，一般统称为汉语言文字学；第二分支是语言理论与语言应用研究，一般统称为语言学及应用语言学；第三分支是少数民族语言研究，通常简称为民族语言研究；第四分支是外国语言研究。四大分支内部又分别包括多个不同层级的学科。国学意义上的文字学、训诂学、音韵学等，都是第一分支内部的学科，成了汉语汉字研究的部分内容。

二、从动态看国学的涌流

中华民族历史悠久，有着光辉灿烂的民族文化，而悠久的历史、灿烂的文化得以承传绵延的原因就是有国学精魂的存在。从古到今的国学中，跳跃着的、涌动着的就是国学精魂。

邢先生认为，国学精魂包括优良学风、深刻学理和优秀学术成果。优良学风，是指国学中反映民族性格特征的朴实学风，即朴学精神；深刻学理，是指国学中蕴藏量大、开掘空间广阔、反映民族认知的结晶；优秀学术成果，是指国学中重要的学术成果，为世人了解中国的社会、历史、文化传统奉献出来的极其宝贵的论断。

这三者共同显示了中华学术文化的“根”，体现着中华学术文化的“源”，绵延着中华学术文化的“流”。这精魂因为是国学的“根”，所以能成为古为今用的核心内容；这精魂因为是国学的“源”，所以能从古传到今；这精魂因为是国学的“流”，所以能实现古为今用。正如邢先生所言，中国灿烂的文化不是历史教科书上僵硬的汉字，不是仅供观赏的历史化石，而是可以滚动起来的一江长长活水。

三、古为今用意义重大

邢先生写这篇文章的目的就是以现代语学为例，说明在现代语学范畴该如何实现国学的古为今用。所谓古为今用，就是将古代中对现代社会的发展有利的东西运用到现代社会中，帮助现代社会更快更好地发展。

邢先生从辩证的角度考察了中国的国学，他认为，中国的国学不仅有静态的定格了的国学传统，而且有动态的涌流着的国学精魂。静态的国学传统主要指的是文字学、训诂学和音韵学，动态的国学精魂主要指的是优良学风、深刻学理和优秀学术成果。跟文字学、训诂学、音韵学等相比较，无论是广度还是深度，中国现代语学的面貌都是全新的。因此，静态的国学，即国故意义上的国学，无力因而也不能直接促进国家文化的大发展；而动态的国学，即优良学风、深刻学理和优秀学术成果正是能够直接推动现代语学更快更好发展的精华。

因此，邢先生提出：以现代意识为前导，弘扬国学优良学风、深刻学理和有用成果，让国学精魂与现代意识结合起来，达到古今贯通、古为今用，从而实现民族文化的振兴，助产具有中国特色的学问。

邢福义先生和王耿博士在《中国语言学要有一颗中国心——邢福义访谈录》一文中，也谈到了邢先生的《国学精魂与现代语学》。

问者（王耿博士）：我有幸聆听过您 2006 年的那次“国学精魂与现代语学”的演讲，获益匪浅。朴学精神其实就是蕴含在国学中反映中华民族性格特征的朴实学风。我们知道您的研究一直提倡“民族性”，在这部《献疑集》中您也反复地进行了强调，这种民族自信在当今西学侵逼的形式下显得非常宝贵。但是不能否认，西方语言学在漫长的发展过程中形成了科学严密的研究体系，产生了许多特色鲜明的学派，拥有明确系统的指导思想，这些特点和优势对于中国传统“语文学”向“语言学”演变有着推动作用，也促成了当今中国语言学界两种研究模式：生发型和引创型。请您具体阐释一下这两大模式的特点和相互关系，好吗？

答者（邢先生）：引创型指引进国外理论，通过同汉语或少数民族语言相结合的考察验证，从而有所创新；生发型则指关注国外语言学理论及其影响，强调更多地对汉语和少数民族语言本身特点进行发掘，从而有所创新。

这两种研究范式其实反映了语言学科发展过程中的一对重要的辩证互补关系，即“引进提高”和“自强自立”。……季羡林曾说：“在中国学术史上，无论哲学史、宗教史、艺术史等等，文化交流起到了很大作用，语言学史何独不然。从《马氏文通》起到现在整整一百年了，在这一百年内，中国语言学经历了一个‘现代化’的过程。人们现在常说，所谓‘现代化’，其实就是引进西方的‘理’，结合我国的实际进行探索，并不断取得成功的过程。衡之以语言学的发展过程，这话也是适用的。”季先生的话，代表我们的共识。

…………

百余年来，没有外来理论的引进，便没有中国语言学的今天。对外来理论，我们永远尊重和欢迎；对为外来理论的引进付出了大量心血的学者们，我们永远心怀感激和敬意。但是，对于汉语语法研究来说，国外理论的“引进”和“汉化”，也许应该是一个很长历程中先后衔接的两大阶段。“引进”，是先行阶段，重点在于把国外理论应用于汉语研究，举出若干汉语例子来略作演绎。而“汉化”，即中国化，是后续阶段，重点在于让国外理论在汉语事实中定根生发，使国外理论融入汉语研究的整体需求，从而建立起适合汉语研究的理论和方法。

问者：邢老师您的话使我想起了鲁迅先生的《拿来主义》，他面对新文化运动时期的西学东渐之风提出要“运用脑髓，放出眼光，自己来拿”，无疑，在那个盲目跟风的时代，鲁迅是清醒的。时代在发展，中国在进步，当今世界，中国已经具有一定的话语权，中国传统文化也在世界文明中占有一席之地。在这种新形势下，邢老师您立足于本土，不断地呼吁建立中国自己的特色语言学，使之具有与国际接轨的资质，这也是顺应时代潮流的。请问中国语言学如何才能继承、延续和发扬学术研究的民族传统，形成“具有中国特色”的语言学呢？

答者：中国语言学研究，应该旗帜鲜明：面向世界，面向时代需求；根在中国，根在民族土壤。我们重视学习和借鉴国外理论方法。在这一点上，要承认自己的落后，要看到自己同别人之间的差距，要测定和把握研究工作的先进走向。作为汉语研究工作者，我们又应该重视“研究植根于汉语泥土，理论生发于汉语事实”。把学习别人的长处和创建自己的特色结合起来，处理好“向”和“根”的关系，才有可能真正出现与国际接轨的局面。

…………

只要形成了语言学的中国学派，自然而然就会出现中国特色的语言学，在国家提倡振兴民族文化之时，强调“中国特色”，更有导向性作用。当然，中国语言学要形成和凸显自己的特色，绝非易事，需要做长期而艰苦的探求工作。……季先生的意见自然也是“探究性”的，但起码可以引起我们的重视和思考。因为我认为，中国语言学还是应该要有一颗中国“心”！

问者：您刚才的一番话使我想起了半年前您对我的一次耳提面命。……原来您是在帮我建立一种学术自信，因为从汉语土壤生发出的理论才具有民族特色，而只有“民族的”才真正是“世界的”。[①]

邢先生在《汉语语法研究之走向成熟》一文中指出：“我们的思想障碍，大概表现在两个方面。一方面是在国外理论的高峰面前不敢有超越的意识；另一方面是在前辈的成就高峰面前不敢有超越的念头。对于国外理论，我们的确要好好学习和借鉴。”[②]

邢先生说，事实上，国外理论对中国语法研究已经起了、正在起到并将继续起到巨大的推动作用。诚然，今后为了实现中国语言文字研究的现代化，更需要强调与国际接轨，更需要强调研究工作中对国外理论的引进和吸收。然而，怎样才能更好地与国际接轨，恐怕还存在一个如何理解的问题。如果仅仅是在引进吸收上下功夫，没有自己的创造，恐怕还不行。真正适合于中国语言文字的理论和方法，恐怕最终只能产生在中国语言文字的沃土之上。

湖南师大外语系副教授贺凯林同志，曾给邢先生写过一封信，谈及她看到的一篇外国学者的文章，这名外国学者是从我国大陆出去的。信中感慨地说：“汉语研究的根在中国本土，特别是方言，离了这块沃土，研究就少了生气，少了灵气，也少了活力。当年周总理要才旦卓玛回西藏，故土的培

---

① 邢福义、王耿：《中国语言学要有一颗中国心——邢福义访谈录》，《语文教学与研究》2010年第10期，第7—8页。

② 邢福义：《汉语语法研究之走向成熟》，《汉语学习》1995年第1期，第5页。

育、滋润，使她几十年后在年近花甲之时，唱起歌来不仅不减当年风采，而且增添了更耐人寻味的藏族情韵。”邢老师认为，这几句话说得好极了。邢先生总感到，我们应该特别强调“研究植根于汉语泥土，理论生发于汉语事实”。不然，我国的汉语语言学就可能永远处于附庸的地位，难以有跟国外理论对等交流的机会。

同时，邢先生还在文中指出：“任何一个严肃的学者都总是一步一个脚印地走路，一步一个脚印地爬山，用走路和爬山的记录来证明自己。当然，走路不能全靠双脚，双脚如何迈动，如何才能走出新的路子，还要靠脑子来出主意。”这就是老前辈们一再告诫我们的：务实＋创新！

2016 年 7 月 25 日，邢先生在《人民日报》（学术版）上发表了《自我出新　据实立新》，再次探讨如何结合国学来发展中国语学。邢先生说，中国数千年灿烂文化经历代代累积，凝结成了睿智的国学理念。在众多学科领域都能起到引领作用的是朴学精神的朴学学风。

当前，中华文化复兴的客观形势引发了风生水起的国学潮，国学研究院多处成立，国学类活动频繁举行，青少年受到国学氛围的滋润。那么，国学如何以朴学学风为先导不断求新呢？

邢先生认为，要贯彻落实习近平同志在哲学社会科学工作座谈会上的重要讲话精神，中国语学的创新要在自我出新、据实立新两个方面下大功夫。

一是植根事实、自我出新。一直以来中国语法学者强于刻画事实、弱于创建理论。不过，汉语语法研究已经走过了 100 多年的历程，在事实发掘方面已然取得相当丰硕的成果。今后，只要目标明确，在扎根自己语言的前提下，弘扬朴学学风，发挥自我智慧，创建自我品牌的理论和方法绝非难事。宋·叶绍翁有诗：“春色满园关不住，一枝红杏出墙来。”邢先生改动了两个字，借以寄托期盼：“春色满园关不住，新枝红杏出墙开。”

二是重视引进、据实立新。目前，引进的国外理论大体可分为两类。一类是时新的粗糙说法，只能时髦一阵子；一类是时新而合理的说法，但由于语种有别，不能原样不动地用于汉语。因此，据实立新应该成为一条原则。外国的理论应该重视，但又必须按朴学精神作“洋为中用”的创新性处理。现在的刊物上有些文章忽视客观存在的大量事实，自造一两个例子加以发挥；有的甚至采用偷换概念等办法曲解事实，借以解证外论，这样显然容易产生误导。中国语学的发展应该特别强调朴学学风，坚持“四必”原则：事实必竭力占有，证据必充足可靠，结论必令人信服，有错必坦诚改之。

习近平总书记在党的十九大报告中提出，推动中华优秀传统文化创造性转化、创新性发展。而国学学科化建设正是依托学科、推动“两创”的具体实践。国学学科化，进而努力追求学科的一流，这反映了广大国学界的研究者与爱好者的心声，令人振奋。2017 年 11 月 4 日，邢先生在《光明日报》（国学版）上发表了《国学的学科化与一流追求》一文。

在一流学科的建立上，邢先生强调：第一，在队伍建设上，必须“沙里淘金”，不淘掉泥沙，金子就无法闪亮，搞大拼盘、大杂烩显然不行；第二，在研究目标上，必须选准并且努力开拓出一流亮点。一流学科是亮点夺目恒定的学科，而不是时明时暗、闪烁不定的广泛性学科。一流学科的认定凭的是亮点，而不是宽度。

在一流学科的特点上，邢先生指出：

第一，有根底厚实的历史。这很重要。有过去，才有现在；有过去和现在，才会有未来。临时拼凑的学科没有经过考验便立即被认定，就会存在争议。

第二，有影响久远的成果。能够据实创新，拥有学派性理论和方法。其著作能走出国门，获得外国同行的好评。

第三，有强大的团队，成员合作共进。凡是学派都需要众多学者一代接一代通过长时期的努力才能形成，高呼浮夸的口号永远达不到目的。

任何时候都得强调成员必备的学养和学风。学养是学术修养、学术涵养、学术高度，是学术蓬勃上升的基础；学风是实事求是、认真谨慎、尊重真理、能者为师。

就国学学科化而言，邢先生认为，“返本开新”和“工程化”是需要坚持的一条基本路径，新时代的国学研究必定会更上一层楼！

第二章　“救火”的充分设问

“救火”已是家喻户晓、众人皆知的词语，但对于“救火”一词的研究并不多见。邢福义先生从国学的角度对该词进行探究，写了《“救火”一词说古道今》一文，发表在2007年2月1日的《光明日报》(国学版)上。

在挖掘语言事实的能力上，邢先生在《现代汉语语法研究的三个“充分”》一文中提出，要做到“三个充分”，即观察充分、描写充分和解释充分。他认为：只有充分观察，才能有充分的了解；只有充分描写，才能有充分的反映；只有充分解释，才能有充分的认识。

观察充分、描写充分、解释充分是科学研究的目标，而做好“三个充分”主要取决于设问的充分。本章解读邢先生的《“救火”一词说古道今》，可以让我们领略到充分设问的魅力。

第一节　在设问中充分观察

怎样才是充分观察？邢先生认为，该观察到的方方面面全都观察到了，所做的观察就算是充分的了。为了做到这一点，观察的思路应尽可能地开放。具体点说，就是由此及彼，随迹逼近，四面八方地辨察，海阔天空地追踪。

一、“救火”与“救命”的不同

在文章一开篇，邢先生就针对读者非常熟悉的语言现象“救命”与“救火”进行了设问，如，“救命”是命被救，而“救火”不是火被救。

邢先生的设问引发了读者对“救火”“救命”这两个词语进行充分观察的兴趣。“救火”与“救命”从语表上看，都是双音节，前语素都是“救”；从语用上看，都是日常词汇。但在语义的解释上，为什么两词就相差这么大呢？

从词语结构成分之间的关系来说，读者观察到，对于“救命”这一类型的词语，在生活中更为多见，如“救人、买菜、卖花、送信、取款”等，而“救火”这一类型的词语在现代汉语里似乎并没有。但“救火”这一说法自古有之，最早见于相传为春秋时左丘明所著的《国语》：“于是吕甥、冀芮畏逼，悔纳文公，谋作乱，将以己丑焚公宫，公出救火而遂杀之。”通过对“救火”这一说法的观察得出：“救火”虽在现代汉语里是一个词，但在古代，特别是在初始出现的时候，是一个短语。

邢先生的设问不仅使读者对“救命”和“救火”的语表形式、语用价值进行了观察比较，而且对“救命”和“救火”的语法结构特点进行了充分观察，对“救命”进行了横向的类比观察，对“救火”进行了纵向的古今考察。观察得出：“救命”是一个词语；“救火”在古代是一个短语，在现代是一个词语。

二、“救火”与“救水”的不同

在文章第二自然段，邢先生由日常生活中的火灾想到了水灾，由“救火”想到了“救水”这一说法，对“救水”这一说法进行了设问。如，现代汉语里，“救火”相当常用。有意思的是，火与水都能成灾，但现代人只说“救火”，没听到过说“救水”的。

先生这一设问，让读者对“救火”“救水”这两种说法进行了充分的观察。查《现代汉语词典》，发现只有“救火”的词条，没有“救水”的词条；查作品语料库，发现在现当代作品里看不到“救水”，在明清时代作品里也看不到“救水”。

三、“救火”与“灭火”的不同

在文章第四自然段，邢先生由“救火”想到了“灭火”，对“救火”中“火”不是“救”的对象，而“灭火”中“火”是“灭”的对象，进行了设问。如，“救火”的意思是“灭火”。从动词和宾语的关系看，“灭火”中“火”是“灭”的对象，“救火”中“火”却不是“救”的对象。先生还进行了类比，正如“恢复体力”和“恢复疲劳”，“体力”是“恢复”的对象，“疲劳”却不是“恢复”的对象。

关于“救火”“灭火”这两个词语，在单独的作品语料库中进行搜索：在《三国志》里，“救火”出现5次，“灭火”只出现1次；在《三国演义》里，“救火”出现9次，“灭火”出现0次。在小语料库里进行搜索：在一个包括了《水浒传》《西游记》《红楼梦》《儿女英雄传》等44部作品的近代白话作品小语料库里，用“救火”的有 62 句，用“灭火”的只有 14 句。在一个包括了“五四”以来到现在的著名作品的现当代作品小语料库里，用“救火”的有 78 句，用“灭火”的只有 42 句。

邢先生的设问，不仅让读者对“救火”“灭火”这两个词语的语法结构与语里意义进行了观察比较，而且让读者对“救火”“灭火”这两个词语的出现频率进行了充分观察。通过对 2 部作品和 2 个小型语料库的搜索不难发现，“救火”的使用频率要高于“灭火”。

第二节　在设问中充分描写

怎样才是充分描写？邢先生认为，在题目划定的范围之内，通过描写把应该反映出来的规律性的东西全都反映出来，这就可以算是充分描写。

怎样才能做到充分描写？邢先生认为，观察到的，不一定都要描写出来；而描写出来的，一定要是观察得特别充分的。如果说，观察的思路要尽可能地开放，那么，描写的范围则应尽可能地封闭，即在众多的问题中只限定描写其中一个问题，在一个问题的众多角度中只限定描写其中一个角度。其目的是把论题封闭在（或者说划定在）一个小范围内，以便进行穷尽性的描写。封闭的范围小到什么程度，可以因人而异、因题而异。一般地说，要考虑能力、时间、篇幅、深度等因素。

一、对“救水”说法描写角度的限定

在设问中描写充分，主要表现在对古代“救水”说法的充分描写上。

通过观察，在现代汉语里确实没有看到过“救水”这一词，确实没听到过“救水”这一说。但在现代汉语里不存在的说法，在古代汉语里是否不存在呢？邢先生针对“救水”这一说法进行了设问，他认为对于语言的使用状况不能下绝对化的结论。查古代典籍仍可以看到“救水”的说法，尽管很少。

二、对古代“救水”说法的充分描写

“救水”一般在两种情况下出现。第一种：“救水”反映的是一种迷信习俗。如，在罗竹风主编的《汉语大词典》里，既有“救火”的词条，又有“救水”的词条。该词典把“救水”解释为：古代的一种迷信，遇到水灾时，

必须击鼓祈祷，从而来激发阳气救治水灾，所以称为“救水”。在《穀梁传·庄公二十五年》里：“救日以鼓兵，救水以鼓众。”范宁的注解是：“救水以鼓众者，谓击鼓聚众也，皆所以发阳也。”明·杨慎在《秋大水鼓用牲于社于门》中说：“日之食人力不可救也，故鼓以充阳也。水之灾，人力可救也，鼓庸愈哉！”① 从以上的文献资料中可以看出，古人使用“救水”是出于一种迷信思想，因为他们相信击鼓可以激发阳气，可以救治水灾。第二种：“救水”反映的是通过导水疏水救人救物。如，在《韩非子》《战国策》《淮南子》和《资治通鉴》中，都有过叙述的。如《韩非子》中说：“至于期日之夜，赵氏杀其守堤之吏而决其水灌知伯军。知伯军救水而乱，韩、魏翼而击之，襄子将卒犯其前，大败知伯之军而擒知伯。”

对于古代“救水”，邢先生不仅充分查阅了大型词典、古代作品、古代史书，而且在充分观察的基础上还进行了充分的描写。将“救水”这种说法封闭在古代汉语里，考察“救水”的出现，观察古代“救水”的用法，然后根据“救水”的用法进行逐条归类，充分描写。在邢先生2 394字的全文中，用来描写古代“救水”的字数就有553字，约占全文篇幅的四分之一。仅就古代“救水”一个词，引用的语料就有5条，参考的古代典籍就有8本，可见，邢先生对“救水”一说进行了充分描写。

第三节 在设问中充分解释

怎样才是充分解释？邢先生认为，不管是哪种解释，其目的都是揭示语法事实的本质属性和本质面貌。解释的充分不是表现为“多”，不是表现为“细”，而是表现为“深”，表现为具有一语破的的概括力。

解释大体可以分为归总性解释和先导性解释。归总性解释是在充分观察和充分描写的基础之上做出理论上的解释，这种解释注重理论的步步提升。先导性解释跟归总性解释走向不同。先导性解释是先做出一种理论解释，然后通过充分的观察和充分的描写加以证明。这种解释重在设立理论框架或模式，并据此进行推导和阐述。

归总性解释和先导性解释应相互结合。归总性解释偏重于“立地”，它

① 转引自罗竹风主编：《汉语大词典》第5卷，汉语大词典出版社2001年版，第452—453页。

以充分观察事实和充分描写事实为先行条件，显得实在、牢靠，但有可能存在理论高度不够的欠缺；先导性解释偏重于“顶天”，它先建立理论框架、理论模式或理论基点，居高临下，理论色彩很浓，理论意义很强，有可能存在顾此失彼甚至挂一漏万的毛病。

要弥补两种解释可能存在的不足之处，都必须在“充分”上下功夫。从事实出发研究问题时，应尽可能地对事实做足够的理论解释；从假设出发研究问题时，应注意充分观察和充分描写语言事实。只有这样，才能“顶天＋立地”。

一、对现代常说“救火”与不说“救水”的解释

通过观察发现：火与水都能成灾，但现代人只说“救火”，没听到说“救水”的。查阅近现代作品语料库，也没有“救水”一词。查阅《现代汉语词典》发现：只有“救火”的词条，没有“救水”的词条。邢先生针对这种现象提出了疑问，思索过后，邢先生马上给出了自己的答案。他认为应跟人力可控的语义特征有关，但又担心这种解释太专业化，读者理解不了，于是又对这一答案进行了具体化分析。如，在一般情况下，在一定范围内燃烧起来的火是人力可控的，因此可以说“灭火”，也可以说“救火”。而就日常生活中来说，面对突然汹涌而至的大水人力很难管控，因而既不能说“灭水”，也不能说“救水”。

因为古人相信“水”是可以“救”的，既可以通过击鼓迷信的方式，也可以通过导水疏水科学的方式，所以在讲到古代“救水”的说法时，为了不让读者将古代的思想“水”可以“救”与现代的思想“水”不能“救”相混淆，邢先生又特意进行了一番解释：对于汹涌而至的大水，人力难控，这是就生活中突发的一般情况来说的，而明·杨慎《秋大水鼓用牲于社于门》中“水之灾，人力可救也”却是就有组织有领导地开展群体性救灾活动来说的，二者并不矛盾。

先生充分的解释，即从概括解释—具体解释—辩证解释，让读者对现代“救火”常说与“救水”不说的原因有了一个清楚的认识。在通常情况下，“火”是人民群众可以控制的，所以常说“救火”；而“水”是人民群众难以控制的，所以不说“救水”。也让读者意识到语言的产生直接来自于人民群众的语用需求。当人民群众有这种语用需求时，这个词语就会出现，反之，这个词语就不存在。

二、对现代偶发性“救水”说法的解释

“救水”一说在现代会不会偶发性出现呢？邢先生针对“救水”的偶发性说法进行了设问。如，假设在一栋大楼里，某个房间忽然水管破裂，造成水淹事故，是否可能有人会扒在窗口“救水啊救水啊”地大声呼叫呢？

先生这一设问引起了读者的思索，让读者和他一起参与解释，随后他给出了自己的答案。如，既然古代曾经有过这种说法，现在由于情急而不假思索地脱口而出，不是完全没有可能。尽管通常大家都不这么说，但作为偶发性的说法，似应用特殊眼光看待，思考其偶发的原因，不必简单化地认定其为病句。

邢先生的充分解释让读者对“救水”这一说有了一个更全面的了解，不仅了解了“救水”的古代用法，而且了解了“救水”的现代偶发性用法。对于现代偶发性用法，应该秉着特殊问题特殊看待的态度，全面地综合地来看待语言现象，不能简单化地一刀切。

三、对“救火”的使用频率高于“灭火”的解释

“救火”的意思是“灭火”，然而，从使用频率看，“救火”的频率高于“灭火”，邢先生针对这一现象进行了解释：尽管“救火”除了“灭火”的含义，在古代还有一种用法，即作为萤火虫的别名，但其根本原因是“救火”强调“救”，通过灭火以救人救物，目的性更强，积极意义更大。

邢先生觉得这只是从语里意义上对“救火”与“灭火”进行了解释，这种解释还不够，还必须从语用价值上对二者进行解释。如，从使用价值看，“救火”与“灭火”的语用价值不同。《三国志》：“臣闻扬汤止沸，不如灭火去薪，溃痈虽痛，胜于养肉，及溺呼船，悔之无及。”这里“灭火”与“去薪”连用，如果说成“救火去薪”，就不顺畅妥帖。《三国志》：“众人以为救火者必无罪，皆附左；王以为不救火者非助乱，救火乃实贼也。”这是一个通过灭火以救人救物的语境，如果把“救火”换成“灭火”，就不能显豁地表达意思。

先生的充分解释，让读者明白了“救火”与“灭火”虽是近义词，但二者之间还是存在着诸多不可替代的地方。结合“救火”与“灭火”的语里意义和语用价值，可以发现：“救火”适用于强调以灭火来救人救物的语境，“灭火”适用于强调把火灭掉的语境。邢先生对“救火”

与“灭火”两词的区别，进行了语表、语里、语用的层层解释，让读者明白：语表不同，语里就不同，语用价值也绝不同；语用价值不同，语里绝不同，语表也绝不同。作者这种“表—里—值”的“小三角”理论，即表里互证、语值辨察的研究方法，使得语言的研究更深入，结论更理性、更科学。

四、对“救生”“救死”语义相同语用价值不同的解释

邢先生由“救火”“灭火”都是使火灭，联想到“救生”和“救死”都是使人活。“救生”“救死”的意思相同，都是使人活，但语表形式不同，前语素虽都是“救”，但后语素“生”和“死”是一对反义词。关于二者的不同，先生从语用价值上进行了解释：“救生”和“救死”的语用价值不同，因此，它们适用于不同的语用环境。

如毛泽东《蒋介石政府已处在全民的包围中》：“其结果，就是极端的通货膨胀，空前的物价高涨，民族工商业日益破产，劳动群众和公教人员的生活日益恶化。这种情形，迫使各阶层人民不得不团结起来为救死而斗争。”用“救死”，是强调挽救民族的灭亡。如果说成“救生”，就不能凸显原意。

又如，王朔《你非俗人》：“一个救死扶伤的医生怎么能怕自己传染上疾病？”用“救死扶伤”，是由于“死”和“伤”照应使用，如果说成“救生扶伤”，句子就会失去协调感。然而，并非任何时候都用“救死”才合适。

再如，王朔《浮出海面》：“我拐进浓荫蔽日的浴场路，穿着泳装的少女仨仨俩俩吮着冰糕来回溜达，挎着救生圈的孩子成群结队光着脚丫打闹跑过。”老舍《集外》：“海中人已不多，剩下零散的人头，与救生船上的红旗，一块上下摆动……”这里的救生圈、救生船，如果说成救死圈、救死船，就不吉利，不会有人乐意使用的。

由“救火”和“灭火”的共同义都是使火灭进行类比，“救生”和“救死”的共同义都是使人活。邢先生这个类比非常巧妙，实际上是三层类比。第一层是要求类比的两个词语意思相近，都有共同义。第二层是要求两组类比共同义都是使字结构。第三层是要求类比的两组词语的语里含义与语用价值具有对应性。

邢先生列举了四部作品（王朔《浮出海面》、老舍《集外》、毛泽东《蒋介石政府已处在全民的包围中》、王朔《你非俗人》）中的四条语例，对“救

生”和“救死”的语用区别进行了充分解释，让读者明白“救生”和“救死”不能互换使用，它们都有各自的语用价值。“救生”适合于一个吉利、能给人希望的语境；“救死”适合于一个强调挽救死亡的语境。词语的语用环境不同，词语的语用价值也就不同。不同语用价值的词语适用于不同的语用环境。

五、对语言与文化的关系的国学解释

邢先生通过对“救火”一词全方位多层次的研究，从国学的角度对古今语言现象进行了总体的解释，即语言是文化的符号，文化是语言的管轨。把古今语言现象联系起来观察词语的使用有助于更好地了解我国语言的丰富灵活，更好地了解我国语言的文化含量。

邢先生曾在《语言的文化与文化的语言》一文中提出：语言是文化的符号，文化是语言的管轨。他说，好比镜子或影集，不同民族的语言反映和记录了不同民族特定的文化风貌；又好像管道或轨道，不同民族的特定文化对不同民族语言的发展在某种程度、某个侧面、某个层次上起着制约的作用。

本章通过对“救火”“救水”“救命”“救生”“救死”“灭火”等古今多种语言现象的研究，结合邢先生对语言与文化关系的理论解释，可以得出以下结论。

（1）由于古代文化的制约，“救火”在古代，特别是在初始出现的时候，是一个短语，后来随着文化的发展，人民群众广泛使用，加之汉语的双音化趋势，“救火”这个短语逐渐词汇化，最终到现代凝固成了一个词。

（2）在古代，使用“救水”一词是受科技文化水平所限，古人面对突然汹涌而至的大水，认为“水”是可以“救”的，可以通过击鼓激发阳气，救治水灾；也可以通过导水疏水，来救人救物。而在现代，今人对突然汹涌而至的大水，认为人力是很难控制的，因此，在现代不能说“救水”一词了。

邢先生在《汉语之美》一文中说，汉语具有深厚的文化底蕴。他引用了蒋子龙的小说《畅叙黎子流》中“市长和书记之间能够唱‘哥俩好’，其他人就会大唱‘团结就是力量’”[①] 这句话进行分析。《哥俩好》是一部群众喜爱的喜剧片，《团结就是力量》是一首家喻户晓的歌曲，它们都属于文化。然而，把它们的名称作为一个短语用到动词“唱”的后面，形成一个动宾组

① 蒋子龙：《畅叙黎子流》，《中篇小说选刊》1997年第4期，第85页。

合，便能够从语言运用的角度恰到好处地表述一二把手搞好团结的重要意义。“哥俩好”和“团结就是力量”本是两个名称，但内涵十分丰富，字面十分切合意旨，因此话说出来就语意双关，不仅显得很有风趣，避免了平板的说理，而且能够打动人，使人深受启迪，这样的精彩用法展现了语言运用中文化因素的闪光点。

第四节 结 语

从文章标题可知，邢先生探究的是“救火”一词的古今用法，但文章并非仅仅研究“救火”一词。先生进行了充分的设问，从语法结构上对“救火”与“救命”进行设问，从语用环境上对“救火”与“救水”进行设问，从语里意义上对“救火”与“灭火”进行设问。通过设问带动研究的深入，即观察充分、描写充分、解释充分；通过设问建立“救火”的多个观察视点，即“救火”与“救命”、“救火”与“救水”、“救火”与“灭火”的比较，从而达到对“救火”的全方位多层次的研究。

“救火”一词说古道今，概述如表 2-1 所示。

表 2-1 “救火”一词说古道今

充分设问	充分观察、充分描写、充分解释	国学之源
“救命”是命被救，等于说挽救生命；“救火”不是火被救。	“救命”是一个词语；“救火”在现代是一个词语，但在古代初期是一个短语。	语言是文化的符号，文化是语言的管轨。
火与水都能成灾，但现代人只说“救火”，没听到过有说“救水”的。	①“救火”是人力可控；“救水”是人力难控。 ②“救水”一词在古代存在，在现代只是偶发性的存在。	
“救火”的意思是“灭火”。从动词和宾语的关系看，“灭火”中“火”是“灭”的对象，“救火”中“火”却不是“救”的对象。	①“救火”除了作为萤火虫的别名外，更主要的意思是通过灭火以救人救物，适用于强调救人救物的语境中。 ②“灭火”是把火灭掉，适用于强调把火灭掉的语境中。	

邢先生曾在《从基本流向综观现代汉语语法研究四十年》一文中，讨论

了“一个目标”“两个三角”“三个充分”等问题。先生认为，任何论著都不可能穷尽真理。观察也好，描写也好，解释也好，绝对的“充分”是不可能的。

“三个充分”的目的在于强调在尽可能的条件下，要观察得更充分一点，描写得更充分一点，解释得更充分一点。观察是描写和解释的基础。没有充分观察，就不可能有精确细微的描写，也不可能有一语破的的解释。就描写和解释之间的关系说，二者很难截然分开，一般都是描写中有解释，解释中有描写。不过，从研究工作的侧重点看，有的偏重于描写，有的偏重于解释。

目前，理论解释的加强有赖于两个方面：一是引进国外理论。国外理论的引进和吸收，对促进现代汉语语法研究的深入开展无疑具有极大的意义。但是不能生搬硬套，不能以为国外理论加上汉语事实就等于解释充分。二是创建自己的理论。根据自己语言的特点，不排除接受国外理论的启示，总结出一套自己的理论，一套能够充实和发展普通语法学的理论，一套在学术交往中能够跟国外理论对等交流的理论，这才是我们应该追求和必须追求的。当然，这不是轻而易举的事。但是不管怎么样，朝着全面揭示现代汉语语法事实的客观规律性的目标，根据“三个充分”的要求，沿着“两个三角”的思路研究问题，就一定能推进现代汉语语法研究的不断深入。

李宇明教授在《立足汉语事实　着力理论探讨》一文中说，根据邢先生的意思，观察充分需要观察思路尽可能地开放，需要全方位多层次地建立观察的视点，而观察思路的开放、观察视点的建立，在很大程度上取决于充分设问①。

结合本章的分析可知，观察充分、描写充分、解释充分，的确在很大程度上取决于设问的充分，取决于对所研究的问题进行系列的相关性的挖掘。借助充分的设问，来全方位地多层次地建立观察、描写、解释的视点。视点越多，角度越多，对语言的了解就越深。

2015年6月22日，邢先生在《光明日报》（国学版）上发表了《三国演义之“关公”》一文。文章一开头，邢先生就提出一个独特的现象，在中国，只要一提到“关公”，大家一般都会知道是指关云长，即关羽。《三国演义》里，“关公”共出现521次。曹操，那个时代最为叱咤风云的人物，被

① 李宇明：《立足汉语事实　着力理论探讨》，《语言教学与研究》1994年第4期，第80页。

称为“曹公”却只有30次。至于其他人物，比如刘备，被称为“刘公”只有3次；董卓，被称为“董公”只有2次；丁管、陶谦、袁绍等，分别被称为“丁公”“陶公”“袁公”等都各只有1次。而在正史《三国志》中，即使在《蜀书》里，仍可以多次见到曹操被称为“曹公”，却未见到关羽被称为“关公”。

为什么“关公”在《三国演义》里不仅使用频率特高，而且是第一个出现的“×公”呢？在《三国演义》开篇第一回“桃园三结义”中，当时关羽很年轻，未有冒尖表现，却已获得了“公”的尊称，这又是为什么呢？

首先，邢先生对“×公”这种称呼进行了分析，得出：“姓氏＋公”，是表敬称谓，古人常用，大都用于第三人称；有时用于第二人称，接近于“您”。够格称为“×公”者，为数不多，并非固定指称某个人。

其次，邢先生对关羽的年龄进行了考证，关羽可能是25岁上下，是否比刘备大，各家资料说法不一，但无论如何，关羽这个站立在刘备身后的青年马弓手，被破格称“公”，是独一无二的。《三国演义》的作者穿越了时空，把社会大众的共识性认可注入这个人物，使之一开始便“圣”化了。

再次，邢先生对这个社会大众认可的“关公”形象进行了充分考察，得出“关公”有三个突出的特点：雄表、神勇、重义。同时，“关公”作为凡人，其缺点主要表现为过于高傲，有虚荣心，有时心胸有点狭小。

最后，邢先生对为何把年纪轻轻的关羽尊称为“关公”进行了充分解释。邢先生认为，关羽成为“武圣”，应是讲故事讲出来的；而把“关公”托上神坛的巨手，应是流传面极大的《三国演义》。关羽被清初著名文学批评家毛宗岗评为《三国演义》“三绝”中的“义绝”。在人民群众心里，最可贵的就是“义”。“万事莫贵于义。”（《墨子·贵义》）孔子说：“君子喻于义，小人喻于利。”（《论语·里仁》）意思是君子是发自内心地守范于超物质的道德价值，而不是时时处处只想到有利可图。因此，在讲述古代优秀传统的时候，关羽就成了榜样性历史人物，“榜样的力量是无穷的”，“不管什么时代，人们都需要榜样”。人们出于对榜样的尊敬，就把关羽叫作“关公”。

第三章　“人定胜天”的辩证思维

“人定胜天”是人们比较熟悉的一个成语，但其语法结构却较少有人探究。邢先生从国学的角度对该语进行了研究，写了《“人定胜天”一语话今古》一文，发表在2007年7月19日的《光明日报》（国学版）上。限于篇幅，原文在发表时有所删减。该文的完整稿后以《“人定胜天”的古代原本用法与现代通常用法》为题发表在《山西大学学报》（哲学社会科学版）上。本章的评说便以此完整稿为依据。

辩证思维是一切思维活动的基石。做研究，要想得出精准深刻的结论，就必须具有辩证思维。《“人定胜天”一语话今古》一文让我们看到了辩证思维的统帅地位。

第一节　现象与本质的辩证

邢先生在文章一开篇就提出了疑问：“人定胜天”表示的是什么意思？其结构关系如何分析？针对这两个问题，他进行了一次小调查，并根据调查所反映出来的语言现象进行了本质性的探究。

一、“人定胜天”主谓划分情况不一致的现象

针对“人定胜天”的语里含义和语法结构，调查的情况是：

（1）调查的对象：高层次或较高层次的知识分子，包括本科生、硕士生、博士生和大学教授，共计30人。

（2）调查的要求：请调查对象用单竖线“｜”把“人定胜天”这个小句的主语部分和谓语部分隔开，然后在下面注明“主、谓、宾、定、状、补”之类句子成分的名称。

（3）调查的结果有两种，如表3-1所示。

表 3-1　“人定胜天”语法结构划分的调查结果

调查结果	语法结构划分	人数	占比
结果一	人｜定胜天 主　谓 状动宾	28	93.3%
结果二	人定｜胜天 主　谓 定心　动宾	2	6.7%

针对以上两种调查结果，邢先生并没有简单化、片面地认为极少数人的答案“人定｜胜天”就是错误的，绝大多数人的答案“人｜定胜天”就是对的；而是采用了全面综合的眼光，用对立统一的辩证思维来看待这个问题，对“人定胜天”的语法结构、语里意义、语用价值进行了追踪考察。

二、“人定胜天”主谓划分情况不一致的本质

邢先生通过追踪考察得出：“人定胜天”的确是有两种划分方法，极少数人划分出来的“人定｜胜天”是古代原本用法；绝大多数人划分出来的“人｜定胜天”是现代通常用法。

为了证明“人定｜胜天”是古代原本用法，他查阅了三部辞书。第一部是陈至立主编的《辞海》：人定，犹言人谋，谓人的意志和力量可以战胜自然。

(1) 人定兮胜天，半壁久无胡日月。(刘过《襄阳歌》)

(2) 人定亦能胜天。(刘祁《归潜志》十二)

(3) “人强胜天”亦此意。又作“人众胜天”。(《史记·伍子胥列传》中《逸周书·文传》)

第二部是罗竹风主编的《汉语大词典》：人定胜天，人力可以战胜自然。

(4) 人定兮胜天，半壁久无胡日月。(刘过《襄阳歌》)

(5) 登门就之，或人定胜天，不可知。(蒲松龄《聊斋志异·萧七》)

第三部是朱祖延主编的《汉语成语大词典》：天，泛指大自然。人定胜天，即人的意志和力量可以战胜自然。

(6) 人强胜天。(《逸周书·文传》)

综观这三部辞书的解释，发现：

第一，“人定”和“胜天”之间是可以隔开的。因为在“人定”和“胜天”之间，可以出现“兮、亦能”。

第二，“人定”两个字组合在一起，构成了一个结构单位。因为人们常常用“人谋、人强、人众”来训释“人定”。可见，“定”是与“人”组合在一起，先构成“人定”，然后再与“胜天”组合，构成成语“人定胜天”。

第三，古代文学作品中的语言事实，当“人定胜天”和“天定胜人”对举使用时，更加充分证明了“人定”首先发生组合关系，然后再跟“胜天”发生组合关系。

(7) 人定者胜天，天定亦能胜人，惟元帅察之。(《宋史·列传第一百三十》)

(8) 语云：天定胜人，人定亦能胜天。(徐枕亚《玉梨魂》第十四章)

在“人定”和“胜天”之间出现了“者”和“亦能”，“天定”和“胜人”之间出现了“亦能”。所以，极少人划分出来的结果“人定｜胜天”并没有错，这种划分是古代原本用法。

为了证明“人｜定胜天”是现代通常用法，邢先生考察了最具权威性的《现代汉语词典》后发现：第一，参与和主导这部词典编纂工作的饱学之士——丁声树先生和吕叔湘先生，都只提了一种用法。第二，从试用本到2005年的第5版，《现代汉语词典》都把“人定胜天”解释为人力能够战胜自然，“人/定/胜/天”分别同“人力/能够/战胜/自然”相对应。可见，人们根据自己对“定”和“胜”最熟悉的用法来理解，“人力能够战胜自然”这种解释已经成为人们的共识。

另外，邢先生查看书面语料后发现：在现代文学作品和重要的政论文著作中，都常常见到“人｜定胜天”的用法。

(9) 如今的年轻人已很难想象那个时代人们的激情以及由此而产生的力量。……那是一种人定胜天的豪情壮志，一种信仰的力量；那是一种自觉的奉献，一种快乐的劳动。

(10) 他不止一次表示对毛泽东靠地图指挥打出一个铁桶江山的无限钦佩，并由此多次强调要发挥人的主观能动性和人定胜天的传统思想。

(11) 精卫填海、愚公移山的传说，大禹治水的故事，表达了远古时代中国人民改造自然、人定胜天的顽强奋斗精神。

(12) 独眼怪人……忽然舒展两臂，重重一击，道：“人定胜天，老夫倒要不惜试它一试。”……他顿了一顿，又道：“老夫此举，乃是与天争胜。究竟能否人可胜天，尚在未定之数。……”（卧龙生《天香飙》第四十三章，江苏文艺出版社 1994 年版，第 835 页）

语言是文化的载体，是社会发展的记录，社会发展的脚步会在语言里留下脚印。因此，绝大多数人划分出来的结果“人｜定胜天”也没有错。这种划法不仅存在，而且是现代的通常用法。

三、现象与本质的对立统一

邢先生对“人定胜天”的语里含义和语法结构进行了一次调查，并根据调查结果中反映出来的两种语言现象进行了追踪考证，得出的结论是：两种语言现象看似是对立的，实际上是统一的，都是指向“人定胜天”的用法。只不过“人定｜胜天”是古代原本用法，“人｜定胜天”是现代通常用法。邢先生透过现象看本质、透过表层看里层的研究方法，折射出了对立统一的辩证思维观。

第二节　内因与外因的辩证

“人定胜天”到了现代，其古代原本用法“人定｜胜天”发生了演变，变成了现代的通常用法，即“人｜定胜天”。邢先生认为：现代通常用法“人｜定胜天”的产生和流行，既有外因，也有内因。“人定胜天”由古代原本用法向现代通常用法演变，是其内因与外因相互作用的结果。

一、“人定胜天”产生和流行的外因

现代通常用法的“人｜定胜天”，其产生和流行的外因是受到社会发展的影响。

（13）“天大旱，人大干，夺取丰收不靠天”的豪迈声音，时时鼓舞着我们，使我们强烈地感到，有了党的领导，群众发动起来了，自然灾害再猖狂，也一定能够战胜它。”（《人定胜天——记河北省人民的抗旱斗争》，《人民日报》1975 年 12 月 23 日）

这是历史的记录。在那个战天斗地的火热时期，要把全社会的人民群众发动起来与自然灾害相抗争，就要用到“人｜定胜天”（人力一定能够战胜上天）这种用法。因为这种用法是一种口号，是一种指导人们行动的思想，是一种鼓励人们战斗的信念。出于社会发展的需要和人们普遍的语用需求，

它便成为现代的通常用法。

二、“人定胜天”产生和流行的内因

现代通常用法的“人｜定胜天”，其产生和流行的内因是受到语言本身演化的影响。随着时代的发展，人们对语言的理解也产生了变化，不会固守在古人的原本用法上。

“定”和“胜”词义的变化，带动了“人定胜天”整个成语意义的改变。在古代，“定”是安定，而在现代，“定”是必定；在古代，“胜”是“胜过”，而在现代，“胜”是战胜；在古代，“人定胜天”的意思是人们安定胜过上天，而在现代，“人定胜天”的意思是人们必定战胜上天。

词义的变化带动了语法结构的变化。古代意义上的人们安定胜过上天，其主谓结构的划分为“人定｜胜天”；现代意义上的人们必定能够战胜上天，其主谓结构的划分为“人｜定胜天”。

三、内因与外因的对立统一

“人定胜天”的内因与外因既是对立的：一个指向语言自身的演变，一个指向社会发展的影响；同时，内因与外因又是统一的：内因与外因的相互作用，促使了“人定胜天”由古代原本用法演变成现代通常用法。

“人定胜天”的整个词义随着“定”“胜”词义的改变也发生了改变，其词义的改变又带动了语法结构的变化。而其意义和语法结构的变化，又正好适应了社会的变化，满足了人们的语用需求，因此，“人｜定胜天”被人们广泛地接受和普遍地使用，最终成为现代的通常用法。

“人定胜天”的古义是人们安定胜过上天，其主谓结构的划分是“人定｜胜天”；“人定胜天”的今义是人们必定战胜上天，其主谓结构的划分是“人｜定胜天”。“人定胜天”语义的演变带动了语法结构的改变。这种现象在整个古今汉语系统里非常少见，因此特别具有典型性。

值得注意的是，语法结构与音读停顿不是一回事。四字成语，包括“1＋3”结构的成语，都会读成“abˇcd”。尽管人们在口头表达“人定胜天”时，会在“定”和“胜”之间停顿，即“人定｜胜天”，但在理解上，人们还是会根据其古今含义的不同来对其主谓结构进行切分。

成语“人定胜天”是古今词语系统里的一员。“人定胜天”意义的演变带动了其语法结构的改变，并且非常典型。邢先生将“人定胜天”一词放到整个古今词语系统里进行考察，这种由个体看整体，由整体察个体的方法，体现了邢先生辩证的思维观。

“人定胜天”从古代原本用法到现代通常用法的演变，充分说明了语言演变的过程，即语言的发展来源于人民群众的语用需求，人民群众的语用需求又带动词义的演变，词义的演变又带动语法结构的演变。“人定胜天”的演变路径，如表 3-2 所示。

表 3-2 “人定胜天”的演变路径

语言的演变过程	“人定胜天”的演变路径
人民群众的语用需求 ↓ 词义的演变 ↓ 语法结构的演变	激励人民群众凭借自己的力量去改造大自然 ↓ “人定胜天”的含义只能是“人力必定战胜自然”，而不能是“人们安定胜过自然” ↓ “人定胜天”主谓的切分只能是“人｜定胜天”，而不能是“人定｜胜天”

邢先生特别指出了两点。

一是，在从古到今的历史纵线上，词语的用法往往有所发展，大部分词语意义的演变不大涉及语法关系的演变。

如“陈陈相因”“钩心斗角”，古今含义都发生了巨大的变化。“陈陈相因”原指仓库里的米一年接一年地累积，如《史记·平准书》：“太仓之粟，陈陈相因。”现在则指沿袭老一套，因循守旧（参看马国凡《成语》，第 146 页）。“钩心斗角”原本是形容建筑物的结构错综复杂，技艺精巧细致，带褒义。钩心，指建筑物中许多结构都能够围绕着一个中心；斗角，指四周远离中心的部分也都斗合得非常精确。现在，这个成语是指怀着狡猾的用心，以种种手段对付别人，有贬义，与本义已经毫不相干（参看史式《汉语成语研究》，第 230 页）。现代人的理解跟古代的原本含义都相去甚远，但其语法结构没有发生改变。

二是，小部分词语意义的演变牵动了语法结构关系的变化，但不典型。

比如，“望洋兴叹”中的“望洋”本是联绵词，表示仰视的样子，但在现代常常将“望洋”变成动宾结构，解释为望着海洋，并且出现了望楼兴叹、望河兴叹之类的活用现象。

（14）仅以新益大厦的租金远不能满足还款需要，受害者们望楼兴叹！（《人民日报》2006 年 1 月 6 日）

(15) 投名师大家学书更是望门兴叹。(《人民日报》2006 年 3 月 19 日)

(16) 遇到干旱，河水又无法引到山上浇地，村民只能望河兴叹。(《人民日报》2006 年 6 月 13 日)

“望洋”意义的改变（由表示仰视的样子变成望着海洋）牵动了语法结构的改变（由联绵词变成动宾结构的合成词），但这种改变只是一种活用现象，属于修辞范畴，人们往往特意为其加上引号。

(17) 若集中办学，则学生上学路途遥远艰险，只能“望学兴叹”。(《人民日报》2006 年 2 月 19 日)

(18) 一些大城市商品房价格始终在高位运行，工薪阶层只能“望房兴叹”。(《人民日报》2006 年 3 月 9 日)

(19) 贫困户还是没钱买牛羊或是苗木，又拿不出像样的东西去银行抵押，依然是“望棚兴叹”。(《人民日报》2006 年 3 月 13 日)

(20) 面对数以万计从天而降的候鸟，人类自感束手无策，只能望“天”兴叹！(《人民日报》2006 年 2 月 13 日)

第三节　主观与客观的辩证

邢先生认为，在对事物的认识和表述上，古代原本用法“人定｜胜天”可以称为客观理性式，现代通常用法“人｜定胜天”可以称为主观意志式。客观理性式和主观意志式是对立统一的两种观点取向。

一、古代原本用法是客观理性式

客观理性式，即客观地看待和评价人和天之间的强弱关系，认为二者孰强孰弱是可以相互转化的，即人可以战胜天，天也可以战胜人。如前文提到的古代汉语的例子，“人定者胜天，天定亦能胜人，惟元帅察之”，“语云：天定胜人，人定亦能胜天”。再如：

(21) 古文根底深厚的现代人，也会采用客观理性式来进行表达，只知道人定胜天，而不知道天定胜人，同样是错误的。(徐特立《怎样发展我们的自然科学》)

这种客观理性式，显得头脑冷静，富于理性。

二、现代通常用法是主观意志式

主观意志式，即强调人的主观能动作用，激励人们凭借自己的力量去改造大自然，充满豪情壮志。如前文提到的现代汉语的例子：“天大旱，人大干，夺取丰收不靠天”的豪迈声音，时时鼓舞着我们，使我们强烈地感到，有了党的领导，群众发动起来了，自然灾害再猖狂，也一定能够战胜它。再如，如今的年轻人已很难想象那个时代人们的激情以及由此而产生的力量。……那是一种人定胜天的豪情壮志，一种信仰的力量；那是一种自觉的奉献，一种快乐的劳动。

从以上两例可以看出，这种主观意志式显得信念坚定，富于激情。

针对这种主观意志式，邢先生进行了冷静的分析，指出：当然，主观意志式毕竟反映的是人的主观愿望，并不等于就是事实。如果头脑发热，认为一定会这样，那就会带来不良的后果。

(22) 我们曾经一度过高估计人类征服自然的能力，相信“人定胜天”。(《人民日报》2001 年 9 月 10 日)

(23) 在“人定胜天”的思想指导下，在不断增加的人口要吃饭的压力下，人们无视自然规律，上演了一幕幕的人进湖退、围湖垦田。(《人民日报》2002 年 9 月 10 日)

(24) 为了显示“人定胜天”，“人有多大胆，地有多大产”，人们竞相把数“作”大，越大越好。(《人民日报》2001 年 2 月 1 日)

这三个例子反映出邢先生对主观意志式“人｜定胜天”的冷静而又深刻的反思。

三、客观与主观的对立统一

古代原本用法“人定｜胜天”是客观理性式，适合在对事物进行冷静分析时使用；现代通常用法“人｜定胜天”是主观意志式，适合在鼓舞人们排除万难去夺取胜利时使用。主观意志式和客观理性式是两种不同的表达方式，具有不同的语用价值，适合不同的语用环境。对于带有主观意愿或情感的说法，应该明确其特定作用和局限性，不要用客观理性的标准来对待。“事在人为、心想事成、百年偕老、万寿无疆”等说法即是如此。

因此，客观理性式和主观意志式在使用上也是对立统一的。统一表现在二者都是对同一个成语“人定胜天”的使用，对立表现在二者在具体使用上是对立的。对于客观理性式，不能用主观意志的标准来看待；对于主观意志式，不能用客观理性的标准来看待。主观与客观的对立统一，折射出邢先生辩证的思维观。

第四节　古义与今义的辩证

随着时代的变迁、社会的发展，成语“人定胜天”中“定”与“胜”的含义，以及“人定胜天”的整体含义都发生了改变。

一、古代的“定”与现代的“定”

因为古代原本用法“人定｜胜天”是客观理性式，重在强调“人定”可以“胜天”，“天定”也可以“胜人”。关于“人定”和“天定”中的“定”的解释，必须考虑两个方面：一方面，所作的解释对“人”和“天”是不是都说得通；另一方面，所作的解释是不是“定”字本身的含义。

有的词典用“人众”来解释“人定”，但如果“人定”等于“人众”，“天定”便等于“天众”，这不好理解，何况“定”字本身的含义并不等于“众”。许多词典用“人谋”来解释“人定”，由于古人认为天有意志，因此也能说“天谋”，但“谋”并不是“定”字本身的含义。

有的词典用“人强胜天”来解释“人定胜天”，特别是《汉语大字典》中，“定”字条的第一大项（《广韵》徒径切，去径定，耕部）列出 24 个义项，其中第 14 个义项针对“人定胜天”的“定”，解释为“犹‘强’”。尽管“强”的解释对“人”和“天”都说得通，“人强胜天”和“天强胜人”都能说，但“强”只是“定”的结果，仍然不是“定”字本身的直接含义。

从最基本的含义看，“定”即“安/安定”。《故训汇纂》中“定”字条下共列训释 84 条，1—5 条都是“安”①；《汉语大字典》中所列 24 个义项，第一项便是“安定”②。另外，“人安定”，意味着人们生活和谐，因而能够充分地发挥强大的潜能和力量；“天安定”，意味着大自然风调雨顺，因而也能够充分地发挥强大的潜能和力量。这样，人安定了，就有可能胜过天；天安定了，就有可能胜过人。

---

① 宗福邦等：《故训汇纂》，商务印书馆 2003 年版，第 564 页。

② 汉语大字典编辑委员会：《汉语大字典》，湖北辞书出版社、四川辞书出版社 1987 年版，第 918 页。

因此，从最基本的含义看，邢先生认为，古代“人定胜天”中的“定”，受客观理性的作用，应为“安/安定”。如果用“安定”来解释“人定胜天”和“天定胜人”中的“定”，也许更符合事物的辩证关系。而现代通常用法“人｜定胜天”是主观意志式，重在强调人的主观能动作用，鼓舞人们通过主观努力去战胜天。因此，现代“人定胜天”中的“定”，受主观意志的作用，应为“必定”。

邢先生指出，虽然古代“人定胜天”主谓结构的划分是“人定｜胜天”，但“人定”并未成为汉语的一个具有固定性的组合单位，即并未词化。尽管有的词典收入了“人定”的词条，但表示的不是人们安定，而是“夜深人静时”的意思。如，王建《寄杨十二秘书》：“人定犹行背街鼓，月高还去打僧房。”白居易《人定》：“人定月胧明，香消枕簟清。”

二、古代的“胜”与现代的“胜”

古代原本用法“人定｜胜天”是客观理性式，是客观地看待和评价人与天之间的强弱关系，并且认为二者孰强孰弱是可以相互转化的。因此，不能把客观理性式中的“胜”解释为战胜，例如不能说“人可以战胜天，天也可以战胜人”。因为客观理性式的缘故，天不能对人发起意愿性的挑战，因此不能说“天也可以战胜人”。对于客观理性式中的“胜”只能解释为胜于、胜过，即人可以胜过天，天也可以胜过人。

(25) 人胜天，则善者行。(柳宗元《答刘禹锡天伦书》)

(26) 人胜天：人力胜过天力。(陈光磊等编著《中国古代名句辞典》，上海辞书出版社1986年版，第877页)

而现代通常用法“人｜定胜天”是主观意志式，重在强调人的主观能动作用，激励人们凭借自己的力量去改造大自然，充满豪情壮志，即人可以对天发起意愿性的挑战，因此，对于主观意志式中的“胜”，几乎所有的词典都把“胜”解释为战胜。

三、古代的“人定胜天”与现代的“人定胜天”

经考证，古代的“定”是安定，“胜”是胜过，古代“人定胜天”的整体含义是人们安定胜过上天。

邢先生在考察古代“人定胜天”的整体含义时，对人与天始终进行着辩证的分析，认为人与天之间的强弱关系是可以互相转化的，人安定有可能胜过天，天安定也有可能胜过人。既可以说“人定胜天”，也可以说“天定胜人”。

经考证，现代的“定”是副词，必定的意思，“胜”是战胜，现代“人定胜天”的整体含义是人们必定战胜上天。主观意志式着重强调的是人的主观能动作用，因此，现代通常用法的“人｜定胜天”只能说“人定胜天”，不能说“天定胜人”。

邢先生对“人定胜天”古今义的辩证考察，如表 3-3 所示。

表 3-3　“人定胜天”古今义的辨证考察

词/短语 \ 古今义	古　义	今　义
定	安定	必定
胜	胜于、胜过	战胜
人定胜天	人安定胜过上天	人必定战胜上天
天定胜人	可以说“天定胜人” （天安定也有可能胜过人）	不能说“天定胜人”

就二者第一层的切分来看：古代原本用法和现代通常用法在句法关系上表现出明显的不同。假若用 abcd 代表这个小句的四个字，那么，古代原本用法“人们安定胜过上天”是 ab｜cd，而现代通常用法“人们必定战胜上天”则是 a｜bcd。

就二者的句法关系来看：首先，现代通常用法“人们必定战胜上天”是主｜状动宾，这容易确认；而古代原本用法“人们安定胜过上天”是否就一定是定心｜动宾呢？名词“人”＋谓词“定”，是否可以判定为主谓结构呢？其次，“人定”和“胜天”（或“天定”和“胜人”）之间，是否只能分析为“主语＋谓语”的关系？如能否说“人定”和“胜天”（或“天定”和“胜人”）之间，是一种紧缩句的关系呢？如能否说“人只要安定了，就会胜于天”；倒过来讲，“天定胜人”等于说“天只要安定了，就会胜于人”。

就词语的组合来看：现代通常用法“人定胜天”四个字是“1＋3”，而古代原本用法，“人定胜天”四个字却是“2＋2”，然而，不管是现代通常用法还是古代原本用法，读起来都是“人定ˇ胜天”。这是因为语法结构与音读停顿不是一回事。四字成语，包括“1＋3”结构的成语，都会读成“abˇcd”。比如，“词不达意”“高不可攀”分别读成“词不ˇ达意”“高不ˇ可攀”。即使不是成语的四字小句，也是如此。比如，“人不犯我，我不犯人，人若犯我，我必犯人”，念起来每个小句都是“2＋2”：“人不ˇ犯我，我不ˇ犯人，人若ˇ犯我，我必ˇ犯人。”这是为了满足节律美感的需求。如果按语法结构，每个小句就会念成“1＋3”：“人ˇ不犯我，我ˇ不犯人，人ˇ若犯我，我ˇ必犯人。”

四、古代义与现代义的对立统一

“人定胜天”的古代义与现代义是对立的，古代义是指人们安定胜过上天，现代义是指人们必定战胜上天。同时，“人定胜天”的古代义与现代义又是统一的，都是指向同一个成语“人定胜天”的语里含义。

“人定胜天”中“定”的古代义与现代义是对立的，古代义是安定，现代义是必定。同时，“人定胜天”中“定”的古代义与现代义又是统一的，都是指向同一个成语“人定胜天”中同一个字“定”的语里含义。

“人定胜天”中“胜”的古代义与现代义是对立的，古代义是胜于、胜过，现代义是战胜。同时，“人定胜天”中“胜”的古代义与现代义又是统一的，都是指向同一个成语“人定胜天”中同一个字“胜”的语里含义。

因此，邢先生在文中明确指出：“人定胜天”已经先后出现了两种用法。兼顾古今汉语的词典，“人定胜天”词条下面应立两个义项。对“胜”和“定”的解释，两个义项应有所不同。

应该指出的是，在“人定胜天”的古代原本用法中，人与天的关系也是对立统一的。对立表现在：人有可能胜过天，天也有可能胜过人。统一表现在：人与天孰强孰弱是可以相互转化的，可以“人定胜天”，也可以“天定胜人”。

邢先生纵览“人定胜天”古今发展的历史，用联系的观点、发展的观点、全面的观点来探究其古代义和现代义。古代义与现代义的对立统一，折射出邢先生辩证的思维观。

第五节 结 语

《云梦学刊》1990年第1期发表了邢先生的《现代汉语语法研究的两个“三角”》，同年，《高等学校文科学报文摘》和中国人民大学复印报刊资料《语言文字学》进行了转载。

“小三角”是指语表形式、语里意义和语用价值三个角，简称为“表”角、“里”角、“值”角。“表”是语表形式—语表的简称，指显露在外的可见形式。“里”是语里意义——语里的简称，指隐含在内的不可见的关系或内容。“值”是语用价值——语值的简称，重视在比较中考究研究对象的语用效应，回答它到底有何价值的问题。

“大三角”是指普通话、方言、古代近代汉语三个角，简称“普”角、“方”角、“古”角。“大三角”的研究中，“普”是普通话的简称，指现代汉语共同语的语法事实。“方”是方言的简称，指现代汉语里的方言事实。“古”是古代近代汉语的简称，指汉语里跟现代相对的古代近代的语法事实。

邢先生在该文中运用语言学“小三角”的研究方法，探究了“人定胜天”一词的古今演变历史，如表 3-4 所示。

表 3-4　“人定胜天”的古今演变历史

“人定胜天”	古用	今用
语　表	人定｜胜天	人｜定胜天
语　里	人们安定胜过上天	人们必定战胜上天
语　值	古代原本用法	现代通常用法
	客观理性式	主观意志式
	适合在对事物进行冷静分析时使用	适合在鼓舞人们排除万难去夺取胜利时使用

邢先生由表及里，由里究表，辨察语值，对“人定胜天”的古今义进行了探究，语里含义不同，其语表形式必然不同。“人定胜天”的古今义不同，导致其语表形式在主谓的划分上也不同。

本章从四个角度，即现象与本质的辩证、内因与外因的辩证、主观与客观的辩证、古义与今义的辩证，评说了邢先生是如何在文章中贯穿辩证思维的。辩证思维的有无直接决定着文章的好坏，辩证思维的优劣直接决定着文章的高低。

邢先生的辩证思想无处不在。如在学科的发展上，他就在《语言学科发展三互补》一文中提出了三组关系的辩证：一家之言和百花齐放的辩证，现代意识和朴学精神的辩证，引进提高和自强自立的辩证。

一家之言是指在某一学科中自成一家的学说。研究问题不管范围大小，只要提出与众不同的见解，便可以认为是一家之言。小到一篇文章，提出与别人有所不同的说法，富于新意，可算一家之言；大到总揽一个学科，另辟蹊径，提出足以影响整体发展的关键性主张和理论，更为一家之言。从前者到后者，往往是量之积累引发质之变化的过程。

百花齐放，是指某一学科领域同时存在多种一家之言，呈现共同繁荣的景象。学术领域，没有“武林至尊”；一家之言，不应“唯我独尊”。如果说，形成一家之言是一种学术企求，那么，能够容纳百花齐放便是一种学术度量。一个学科领域应该是一个百花园，任何色样的花都应受到尊重。当前，在学科建设中，“一马当先，万马奔腾”是一个可行的思路。其基本做法是：选择某一家作为当先之一马，以点带面，促进学术事业的整体繁荣。为了保证有效地替换掉已经落伍的一马，必须遵循优胜劣汰的竞争规律，这就是“百花齐放，百家争鸣”方针所反映的竞争规律。

现代意识，也就是与时俱进的意识，包括了解世界现状、适应当今需求、关注未来发展、体现时代性和竞争力，推动中华文化更好地走向世界。中国语言学的进一步发展，总体上将出现三大线路。

其一，在同国外理论的关系上，将越来越明显地出现双向接轨的趋势。一方面，继续引进国外语言学理论，不断扩大视野，拓展思路，看清国际语言学发展的走向；另一方面，深化对汉语和少数民族语言的事实发掘，总结有自己特色的理论与方法，力求逐步形成反映自己风格和成就的学术流派，从而逐步实现跟国外理论的平等对话。

其二，在同自然科学的关系上，中国语言学的发展将努力跟上时代前进的步伐。自然科学和社会科学的交叉与融合是 21 世纪科学发展的总体走向。为了适应现代化的需求，中文信息处理的发展是必然的趋势。这将在很大程度上推动中国语言学的学科更新，改变传统研究的纯人文状况，促进汉语研究特别是汉语语法研究同信息处理的联姻，使之在更广阔的天地里实现研究工作的理论与实际的紧密结合。

其三，在研究成果的深度上，中国语言学的各个分支和各个领域都将围绕着实现中华民族伟大复兴的目标，开展比以往更有理论意义和实用价值的专题研究。朴学精神，也就是求真务实的精神，含有质朴、实在、有根据、求谨严等内涵。清代的考据学跟汉语言文字学渊源很深，反映了我们文化传统中的一种治学精神，因此特地选用到中国的语言研究上面。现代化的浪潮激发了国家的大发展，但是，急于求成、醉心摩登、浮躁夸诞、弄虚作假等现象也随之泛滥，成了时弊。学术界华而不实的风气越来越严重，令人深感忧虑。

因此，在强调现代意识的同时，有必要强调朴学这种具有我们民族风格、民族气派的精神。如果说现代意识指的是一种目标定位，那么朴学精神指的便是一种治学风格。做学问，不管偏重点如何，解决实际问题是最重要的。解释问题的理论各种各样，有的时髦，有的质朴，有的很“外国”，有的很“中国”，不管是什么样的，只有能够回答实际问题才是最管用的。学无定法，求变则通；法无定法，适用则灵。当把现代意识作为目标定位的时候，千万不能忽略朴学精神的务实学风。

所谓“引进提高”，是指通过引进国外学术思想、理论和做法，促使本国的研究水平得到理想的提高。没有引进提高，就没有中国的现代语言学，这是历史事实。自强自立，是指不依成法，自力更生，自我创造。引进的目的是提高，提高的结果是创造出自己的模式，模式的成熟状态是中国特色学术流派的形成。如果说引进提高指的是一种发展途径，那么自强自立指的便是一种原则立场。中国语言学要真正做到同国际接轨，就必须以能够跟国外理论平等对视作为基本出发点，不能一味跟着跑，永远处于附庸地位。接轨是双向的，要跟强者接轨，自己就必须成为强者。弱国无外交，小羊不可能和狼接轨，在学术上也是同样的道理。只有一方面重视引进提高，另一方面重视自强自立，二者相互补足、相互促进，形成良性循环，我们的语言学科才能够真正发展起来。

第四章　“有所不为”的事实论证

“有所不为”是世世代代对人们起着启发教育作用的富于哲理的名言。邢先生从国学的角度对该语进行研究，写了《漫话“有所不为”》一文，发表在2008年1月14日的《光明日报》（国学版）上。

事实胜于雄辩，邢先生认为，不管讨论什么问题都需要多摆事实，进行令人信服的求证，努力增强文章的可信度。因此，写文章，要想使读者信得过，一方面要尽可能地穷尽语言事实；另一方面要善于运用好逻辑思维，对语言事实进行逻辑推导，力求得出令人信服的结论。

事实是好文章的基石。只有牢牢地立足于事实，才能写出坚挺有力、令人信服的文章。《漫话“有所不为”》一文，让我们看到了用事实说话的力量。

第一节　“有所不为”的典型例句

邢先生写文章历来重视语言事实的搜集，历来重视运用逻辑方法分析汉语事实。吕叔湘先生在为邢先生第一本论文集《语法问题探讨集》所作的序言中说，他对邢先生这本集子里的文章印象最深的是“例子的详备，组织的细密”。可见，吕先生30多年前就注意到了邢先生写文章的特点——重视语言事实的翔实完备，重视逻辑推导的细致严密。

《漫话“有所不为”》全文共2 751字；所举语言事实20条，共1 079个字，约占全文篇幅的一半。语言事实中，既有古代的例子，如：

(1) 狂者进取，狷者有所不为也。(《论语》)

(2) 泛地无舍，衢地合交，绝地无留，围地则谋，死地则战，途有所不由，军有所不击，城有所不攻，地有所不争，君命有所不受。(孙武《孙子兵法》)

(3) 故君子之于爵禄也，有所辞，有所不辞。(王充《论衡》)

(4) 然子于父命，亦有所从有所不从。(李大师、李延寿《南史》)

(5) 有所不为，为无不果。有所不学，学无不成。(王安石《祭沈

文通文》)

(6) 恐因一时喜怒，处置有所不当，卿等即当执奏，毋为面从，成朕之失。(脱脱等《金史》)

也有近现代的例子，如：

(7) 将来闹出点子事情来……就是于贵领事亦有所不利。(李宝嘉《官场现形记》)

(8) 不过这和一般军事学上所说的“闪击战”有所不同。(刘流《烈火金刚》)

(9) 按照有所为有所不为、有所赶有所不赶的方针，集中力量发展我们自己的“杀手锏”武器装备，以增强我军打赢高技术战争的物质技术基础。(江泽民《通报中央政治局常委“三讲”情况的讲话》)

(10) 努力使全体人民学有所教、劳有所得、病有所医、老有所养、住有所居，促进社会和谐。(胡锦涛《共同推进人类和平与发展的崇高事业》)

从古到今的语言事实时间跨度长达几千年。在 20 条语言事实中，古代的有 14 条，近现代的有 6 条。

文中的 20 条语言事实是邢先生从古代、近代、现代极为庞大的语料聚合中经过反复比较，层层筛汰，精心挑选而来的。他先是从自己平常积累的语料笔记中，接着又从包罗万象的语料库中，挑选出具有特点、符合需求的语言事实，然后追本溯源，结合例句的小语域和大语域，逐条加以辨析研究，进行再次的比较筛汰，最后根据文章论述的需要，保留最具典型性的语言事实。

此文字面上的语言事实虽只有 20 条，但字面下的语言事实却是不计其数的。文章篇幅虽短，但读者可以在超度浓缩的短小篇幅里，了解“有所不为”漫长的历史，知道“有所不为”的古今用法。

一篇国学视角的语言研究文章，到底应该选用多少例句？这当然不能一概而论。此文让我们懂得，应该从实际需要出发，学会善于挑选出典型例句来使用。

众所周知，语言学是一门枯燥乏味的学科，不像文学有故事情节，不像理学有演算步骤，不像工学有操作程序，更不像艺术有想象和联想。语言学是由大量的语言事实和零散的语言规律组成的。由于语言事实数量繁多，千奇百怪，彼此互不关联，所以读者难以把握；又由于语言规律太抽象，非生活化，太琐碎，非系统化，所以，语言学的文章要让读者爱看、乐看非常不容易。然而，据商务印书馆工作人员的统计，邢先生专著的销量在语言学科一直名列前茅，多次一版再版。读者喜欢邢先生的语法学文章，原因肯定有很多，但其中的一个原因，笔者认为，应该与邢先生高度关注重视语言事实有关。

第二节　“有所不为”的语表形式

从语表形式来观察，“有所不为”可以单用，有时也可以连用。其连用的模式有以下三种。

其一，肯定形式和否定形式直接连用，即“有所 X＋有所不 X”。如，“有所为有所不为”“有所辞有所不辞”“有所从有所不从”。

其二，先说一个“有所为有所不为”，以此为基点，再说一个引发出来的“有所 X 有所不 X”。如，“有所为有所不为，有所赶有所不赶”。在《江泽民文选》中，两次出现了这样的连用。例如，上文提到的《通报中央政治局常委“三讲”情况的讲话》中，有“按照有所为有所不为、有所赶有所不赶的方针，集中力量发展……”的用例。

其三，以“有所不为”为基点，略作点评，再引出一个较为具体的“有所不 X”，又略作点评。例如前文提到的王安石《祭沈文通文》中，有“有所不为，为无不果。有所不学，学无不成”的用例。

对于“有所为有所不为”一类模式，邢先生采用古今贯通的方法，将其古代用法和现代用法联系起来研究，考察这种用法的历史演变过程。如文中，邢先生查阅典籍，尽管可以见到“人有不为也，而后可以有为”“人皆有所不为，达之于其所为”之类前后对照的用法，却未见“有所为有所不为”。先生推测，“有所为有所不为”的连用是经过发展演变而相对固定化的现代用法。至于开始于什么时候、出现在什么人笔下，先生不知，但先生可以肯定的是，进入新时期以来，“有所为有所不为”这一用法越来越多见。

对于“有所为有所不为，有所赶有所不赶”一类模式，邢先生采用从抽象到具体的方法，结合语言事实的具体语境进行研究。如文中，先生首先交代“有所为有所不为，有所赶有所不赶”的出处，指出运用这种表达形式，是为了说明在发展“杀手锏”武器装备问题上，要把“有所为有所不为”的思想落实到“有所赶有所不赶”的行动上来。

对于“有所不为，为无不果。有所不学，学无不成”一类模式，先生由表及里、由里究表地进行了表里互验。就语表而言，“有所不为”和“有所不学”分别加上了四字点评，形成了四字格的二次连用，造成了形式上的对称美；就语里而言，“有所不为”的内容利用“为无不果”来补足和强调，“有所不学”的内容利用“学无不成”来补足和强调，从而使相关内容得到了进一步的深化。邢先生还特别指出：所谓“不学”，不是抛损基础的不学，不是随意取舍的不学，不是没有进退的不学，而是为了学有所成、学有所长、学有所专，为了凸显优势和形成自己的特色。这是很有启示性的论说。

第三节　“有所不为”的语里含义

从众多的语言事实中筛选出值得研究的事实之后，接下来就要进行发掘，提出规律性的认识。在语言事实的语里含义上，邢先生发现，可以将“有所不X”分为两类：一类是意向选择用法，一类是据实表述用法。

意向选择用法是审时度势，决定取舍，选择重要的事情去做，而不做或暂时不做某些事情。比如，“有所不为”“有所不取”“有所不由”“有所不击”“有所不攻”“有所不争”“有所不辞”“有所不从”。

据实表述用法是根据所见所闻所想所愿，陈述某件事情，不存在选择什么不选择什么的意向性内容。比如，“有所不同”“有所不知”“有所不当”“有所不利”。

在意向选择用法中，肯定形式“有所X”和否定形式“有所不X”二者相互依存。说“有所X”，意味着隐含“有所不X”；反之，说“有所不X”，意味着隐含“有所X”。比如，“有所为”和“有所不为”，“有所取”和“有所不取”，“有所击”和“有所不击”，“有所攻”和“有所不攻”，“有所争”和“有所不争”，“有所辞”和“有所不辞”，“有所从”和“有所不从”，等等。

据实表述用法中，肯定形式“有所X”和否定形式“有所不X”不存在这种相互依存的关系。比如，上面提到的“有所不同”“有所不知”“有所不当”和“有所不利”，不存在与之依存的“有所同”“有所知”“有所当”和“有所利”。又如，“（学）有所教”“（劳）有所得”“（病）有所医”“（老）有所养”“（住）有所居”，不存在相对而言的“有所不教、有所不得、有所不医、有所不养、有所不居”之类说法。

诚然，在意向选择用法中，“有所X”和“有所不X”是一个选择性聚合里对立互补的两个选择项。而据实表述用法没有这种选择性，“有所X”和“有所不X”并非形成一个选择性的聚合，换句话讲，不存在对立互补的关系。先生运用逻辑知识来进行比较，使比较的过程更严谨，比较的结果更准确。

第四节　“有所不为”的语用价值

语言是文化的符号，文化是语言的管轨。成语“有所不为”不仅是一种符号的象征，同时也承载着中国的文化。在《漫话“有所不为”》一文中，邢先生还比较了“有所不为”的古今思想内涵。

首先，邢先生对“有所不为”的初始使用情况作了介绍。这一说法最早见于《论语》中孔子的一个论断：“不得中行而与之，必也狂狷乎！狂者进取，狷者有所不为也。”（《论语》卷七《子路第十三》）后来，孟子将“中行”引述为“中道”：“孔子‘不得中道而与之，必也狂狷乎！狂者进取，狷者有所不为也’。孔子岂不欲中道哉？不可必得，故思其次也。”

根据《孔子大辞典》的解释，“中行”是指履行中正之道者，“狂狷”是孔子对仅次于中道之士者的称谓。

根据《论语集注》的注解：狂者，志极高而行不掩。狷者，知未及而守有余。盖圣人本欲得中道之人而教之，然既不可得，而徒得谨厚之人，则未必能自振拔而有为也。故不若得此狂狷之人，犹可因其志节，而激厉裁抑之以进于道，非与其终于此而已也。

朱熹在《朱子语类》中还称赞“狂狷”是有筋骨、有节操之士，人须有些狂狷，方可望。

接下来，邢先生对古代“有所不为”在思想内涵上的演进作了介绍。孔子的原意大概是说，我找不到特别理想的人士来传授，那么也必须传授给具有狂狷气质的人士，因为，狂者勇于进取，狷者则知道什么事情不能做。而孟子对“有所不为”的思想进行了发挥，如提出“人有不为也，而后可以有为”，“人皆有所不为，达之于其所为，义也”。

通过邢先生的介绍，我们可知：孟子把“有所不为”的思想从教育范畴扩张开去，使“有所不为”的思想对人类行为具有更大的覆盖面。

宋·陈亮《酌古论·先主》中说：“当理而后进，审势而后动，有所不为，为无不成，是以英雄之主常无敌于天下。”诸如此类的论述都是结合具体的人或事对“有所不为”所作的具体阐释。

最后，邢先生对现代“有所不为”的思想内涵在使用上的演进作了介绍：两千年来，直到今天，“有所为有所不为”的思想常用常新。比如，人民网曾以《落实科学发展观　发挥科技第一生产力作用》为题，作过报道：“发展基础科学研究，要从国家长远发展需要出发，坚持有所为有所不为，尊重规律，突出重点……取得突破，攀登世界科学高峰。”这里的论述把“（有所为）有所不为”跟科学发展观联系起来了。

在意向选择用法的三种连用模式中，第二种模式是先说一个“有所为有所不为”，以此为基点，再说一个引发出来的“有所X有所不X”；第三种模式是以“有所不为”为基点，略作点评，再引出一个较为具体的“有所不X”，又略作点评。这两种模式都是从概括到具体的推衍递接，那么二者各有什么作用？邢先生同中求异，对二者的语用价值进行了辨察。

作为第二种模式的“有所为有所不为，有所赶有所不赶”，是将“有所为有所不为”这一涵盖较广的思想理念衍化为、落实为“有所赶有所不赶”这一所指具体的行动，指示出明确的抉择取舍，既有高度，针对性又强，语言也显得活泼富有变化。

作为第三种模式的“有所不为，为无不果。有所不学，学无不成”，“有所不为”后边出现四字点评，“有所不学”后边又出现四字点评。这样的句法组织，不仅将较为概括的“有所不为”套用到做学问上，衍化为较为具体的“有所不学”，富于说理性，而且形成了四字格二次连用的句法格局，提升了语言的节奏美感。

第五节　结　语

总体来看，“有所不为”的思想一直涌流在中国文化绵延的长河之中。邢先生将不同时期“有所不为”的思想内涵进行了层层比较与描述，向读者展示了“有所不为”思想内涵延展演进的历史轨迹，让读者深入了解中国文化的源远流长。

邢先生一向关注语言事实，又一向尊崇朴学精神。实质上二者相通，互解互训，反映的都是一种务实的学风。邢先生曾在《以单线递进句为论柄点评事实发掘与研究深化》一文中指出：“事实的发掘，对于研究的深化具有关键性意义。”“会说汉语的人，不一定都会研究汉语；研究汉语的人，不一定都能作出准确的结论。不管是谁，个人脑海中存放的语言信息总是有所局限的，不可能方方面面都能想到，林林总总全能顾及。如果不尽可能详细地了解客观语言事实，便有可能仓促断定，以偏概全。”①

① 邢福义：《以单线递进句为论柄点评事实发掘与研究深化》，《汉语学报》2010年第1期，第11页。

邢先生曾说，把“有所不为”套用到做学问上，便是有所不学。2001年6月20日，《华中师大报》曾发表过邢先生撰写的一篇短文《有所不学——再谈做学问》。文中重点讲述了怎样理解“不学”。

首先，所谓“不学”，不是抛损基础的不学。一个学生不能不学好规定学习的课程，一个专业工作者不能不掌握所从事的专业的基本知识。

其次，所谓“不学”，不是随意取舍的不学。要科学地分析各个方面的因素，比如学科发展的线路、客观的条件、主观的优势等，借以确定主攻方向，并且围绕既定追求有所运筹，有所抉择。

再次，所谓“不学”，不是没有进退的不学。在发展过程中，从实际出发，对于学与不学的内容或程度，审时度势，有增有减，按需进退。

有所不学，是为了学有所成、学有所长、学有所专，是为了凸显优势和形成特色。王安石在《祭沈文通文》中说：“有所不为，为无不果。有所不学，学无不成。”

那么，如何做学问呢？邢先生提出三点。第一，做学问要找到自己。只有通过研究，提出有独创性的成果，从而塑造出自己的形象，能够在学术界实实在在地找到自己的位置，这样的学者才是站到了做学问的高层次之上。人的智能结构里面，最重要和最可贵的因素是进取。学术事业总要不断发展，不断推陈出新，不断“否定—超越—再否定—再超越”。卓越的前辈们，他们之所以卓越，就在于他们敢于和善于继承和发展，而不是只在老圈子中“跳舞”。

第二，做学问要总体发挥。一个学者，要在研究工作中做出成绩，就需要同时具备多方面的素养。这就是：厚实基础＋惊人毅力＋灵敏悟性＋有效方法＋良好学风。我们传统上习惯于强调勤奋。诚然，勤奋是极为重要的条件，但是，光是勤奋还不行。只有各个方面的因素都结合起来，进行有效的总体发挥，才能形成必要而充足的条件。

第三，做学问不是做广告。一个好学者，任何时候都必须保持清醒的头脑，任何时候都需要有分寸地对自己进行科学的分析和评价，不要只是靠语言来表明自己是巨人。换句话说，要用事实来显示自己，不要靠语言来粉饰自己，夸说自己。一个学者，一旦热衷于用商品广告的方式来为自己树丰碑，靠语言的粉饰和夸说来为自己做广告，他就开始变得没有作为，他的学术生命就打上了句号。

2017年，邢先生在《国学的学科化与一流追求》一文中再次谈到做学问。他说，研究者必须认准研究视点，并且必须选择出自己有把握做好的研究对象。然后，一个问题接着一个问题地开展研究。犹如吃饭，一口一口地细细咀嚼。做学问，贵在坚持。贵在从小到大、从简单到复杂地研究现实中各个方面各个角度的问题。然后，才可以累积经验，累积实力，并且自然而然地经过思维的深化，上升成为理论，归纳成为方法，从而形成学派的雏形。

第五章　“X 以上”的问题导向

“X 以上”这一表示法，从文言到白话，从上古到今天，其使用屡见不鲜。邢先生从国学的角度对这一格式进行了研究，写了《“X 以上”纵横谈》一文，发表在 2008 年 9 月 1 日的《光明日报》（国学版）上。

问题是研究的支柱。只有牢牢抓住问题，研究才能继续下去，深入下去。《“X 以上”纵横谈》一文，让我们看到了以问题为导向的研究领域的发掘。

第一节　“X 以上”问题的探讨

“X 以上”这一表示法，是以 X 为定位起点，划出一个往上延伸的级度段所形成的相对固定的语法格式。虽只有三个字，但邢先生却从逻辑出发探讨了以下三个问题。

1. “X 以上”中，“X”是由什么样的词语充当？

2. “X 以上”中，“以上”是否包括“X”？

3. “X 以上”中，“以上”有没有终点？

这三个问题是以“X 以上”这个表述格式为立足点，朝纵和横两方面进行挖掘的。

第一个问题，“X”是由什么样的词语充当？这个问题是从纵向角度对“X”的内容进行深度挖掘，研究的是“X”的聚合关系。

第二个问题，“以上”是否包括“X”？这个问题是从横向角度对“X”内容与“以上”内容的联系进行广度的挖掘，研究的是“X”与“以上”的组合关系。

第三个问题，“以上”有没有终点？这个问题是从纵向角度对“以上”的内容进行深度挖掘，研究的是“以上”的聚合关系。

邢先生对“X 以上”这种表示法，既有横向研究，又有纵向研究；既研究组合关系，又研究聚合关系。有横有纵，纵横交织，逻辑严密，探究全面。

第二节 “X 以上”问题的发掘

对于这三个问题的表述，邢先生在写法上是一致的，都是直接在段首标明问题一、二、三，然后采用设问的方法提出问题，给出答案，如原文中：

> 问题一：这一表示法中，充当定位起点的词语是一些什么样的词语？观察可知：凡是用来作为定位起点的词语，全都具有级度性，即代表在特定时空系列中某个可以往上升高的级度。
>
> 问题二：这一表示法中，“以上”是否包括作为定位起点的“X”？换句话说，“以上”是包括“X”，还是排除“X”？观察可知：古人使用的“X 以上”是一种包括式，而不是排除式。
>
> 问题三：这一表示法中，往上延展的级度段有没有终止点？或者说，是否“封顶”？观察可知：就“X 以上”本身而言，是起点明确，终点模糊的。

邢先生提出的这三个问题的顺序是符合读者逻辑思维顺序的，由易到难，由简单到复杂。采用一问一答的模式是符合传授学原理的，以读者为中心，关注读者，激发读者思考，调动读者参与，循序渐进，循循善诱。提出的问题和所给出的答案旗帜鲜明、直截了当，令读者一目了然。

一、问题一：“X”是由什么样的词语充当？

在问题一的探讨中，邢先生使用了正反论证，逐层分类的逻辑方法。

通过探讨发现：作为定位起点的“X”，全都是具有级度性（代表在特定时空系列中某个可以往上升高的级量或次序）的词语。

邢先生先正面进行论证：作为定位起点的“X”，既可以是包含数字的词语，如：

> （1）庚午，诏诸士卒年六十以上罢归于家。（《晋书》帝纪第三）
> （2）度可得谷二百万石以上。（《史记》卷二十九）
> （3）郡国被灾什四以上，毋收田租。（《汉书》卷十）
> （4）秋分后，在日法四分之三以上者，进一日。（《金史》卷二十二）
> （5）文武官五品以上给楼船。（《北史》卷一十二）
> （6）大率去南极二十度以上，其星皆见。（《旧唐书》卷三十九）

其中，表示统数的“年六十”“二百万石”和表示分数的“什四（十分之四）”“四分之三”都是用来表示段位起点的数量。“五品”“二十度”是用来表示段位起点的次序。

同时，作为定位起点的“X”，也可以是不包含数字的词语，如：

(7) 县令以上，加导斧车。(《后汉书》志第二十九)

(8) 庶人以上，莫不蒸尝。(《晋书》志第八)

(9) 盖唐、虞以上，事难该悉。(《北史》卷四十七)

(10) 修身以上，明明德之事也。(《大学章句集注》序)

其中，“县令”为官职，“庶人”为社会地位，“唐、虞”为时间位置，“修身”为空间位置。这些词语虽不是数字，但都具有等级属性。

接着邢先生进行反面论证：不管是包含数字的词语，还是不包含数字的词语，总之充当定位起点的“X”都必须是具有级度性语义特征的词语，否则就不能成为定位起点。如，“湖光山色”就不能说成“湖光以上、山色以上”。

整个探讨过程自始至终贯穿着逻辑性。邢先生逐层细分，步步细究，使得论证过程严谨，分类缜密，结论准确。

二、问题二：“X”是否包括在内？

邢先生在对古代“X以上”用法的探讨中，发现古人使用的“X以上”是一种包括式，而不是排除式，并分别从语里含义和语表形式进行了证明，如：

(11) 他的官虽是知府，只有道台以上的官请他吃饭，他或者还肯赏光。(李宝嘉《官场现形记》第32回)

大家知道，论官职，道台比府台高，“道台以上”肯定包括道台。又如，在X前边加“自”或“由”或“从”，构成“自X以上”或“由X以上”或“从X以上”语表形式，如：

(12) 爵自二级以上，有刑罪则贬。(《商君书》境内第十九)

(13) 自公主、封君以上皆带绶，以彩组为绲带，各如其绶色，金辟邪首为带玦。(《晋书》志第十三)

(14) 由士以上则必以礼乐节之，众庶百姓则必以法数制之。(《荀子》富国篇第十)

(15) 从士以上皆羞利而不与民争业，乐分施而耻积藏。(《荀子》大略篇第二十七)

其中，“自二级以上”是包括二级的，“自公主、封君以上”是包括“公主、封君”的，“由士以上”是包括“士”的，“从士以上”也是包括“士”的。

邢先生在对古代“X以下”用法的探讨中发现，古人笔下的“X以下”

也是包括式，如：

(16) 自诸侯王以下莫不震恐肃敬。(《汉书》卷四)

(17) 九十以上、七岁以下，虽有死罪，不加刑。(《旧唐书》卷五十四)

其中，“自诸侯王以下”肯定包括诸侯王，“九十以上”肯定包括九十，“七岁以下”肯定包括七岁。

邢先生将“X以上”和“X以下”联合起来探究，发现“X以上”包括“X”，“X以下”也包括“X”，那么，对于这类X所指相同的“X以上”和“X以下”，对举使用时，这个X该如何区分呢？于是邢先生对这个问题进行了发掘。

通过观察得出：按古人的理解，当“X以上”和“X以下”同现时，“X以上”是包括“X”，“X以下”是排除“X”，如：

(18) 中人以上，可以语上也；中人以下，不可以语上也。(《论语》雍也第六)

(19) 如初数以下者，加减损益，因循前率；如初数以上，则反其衰，归于后率云。(《旧唐书》卷三十八)

其中，“中人以上”包括中人，“中人以下”排除中人；“初数以下”排除初数，“初数以上”包括初数。

邢先生在对“X以上”和“X以下”同现，“X”如何规划的问题进行探讨时，发现古人的“X以上”包括“X”，“X以下”排除“X”，这一解释只是一种心理认同的朴素说法，在实际应用中，有时还是会产生歧解。

那么，时过境迁，今人在“X以上”的表达是否会进步一些，精确一些呢？于是邢先生又对这个问题进行了发掘。通过观察可知：今人在“X以上”的使用上先后出现了三种格式。

其一，“X或X以上”，如：

(20) 今年的试题以1977年入学的高等学校本科的优秀学生为对象，试题的难度是以这批优秀学生能取得及格或及格以上的成绩为准。(《人民日报》1981年6月16日)

其二，“X及其以上”，如：

(21) 凡总投资在1 000万元及其以上的，要报国家计委（技改项目报国务院生产办公室）备案……(《人民日报》1991年8月30日)

其三，“X及以上”，如：

(22) 地震使四川、甘肃、陕西和重庆共有23个地市、110个县的供电受到影响。35千伏及以上变电站受损247座，10千伏及以上线路受损1 643条。(《人民日报》2008年5月26日)

邢先生在对古人“X以上”易起歧解，今人“X以上”不起歧解的问题进行探讨时发现：今人使用的“X以上”三种格式在字面上都明确标注了“X”包括在内。

那么，今人为什么要用三种格式来表示呢？换句话说，这三种格式到底有什么区别呢？于是邢先生对这个问题又进行了发掘。通过比较得出：格式一，“X或X以上”；格式二，“X及其以上”；格式三，“X及以上”。这三种格式都有一个共同点，都是先明确肯定包括“X”，再明确肯定包括比“X”更高的级度，最后使用“或”“及”等连词添加嵌入，构成双层并合的格式。这种格式含义明确，不存在两解，所以这三种格式都可以成为严密式。

但这三种格式在语用价值上又有区别：第一个格式，因为需要重复使用充当“X”的词语，所以有时会显得冗赘；第二个格式，因为比第三个格式多了一个“其”字，所以简洁的程度不如第三个格式；第三个格式，因为最为简练，所以使用频率最高。

三、问题三：“以上”有没有终点？

邢先生在对古代“X以上”用法的探讨中发现：就“X以上”本身而言，是起点明确、终点模糊的。换句话说，古代“X以上”往上延展的级度段无终点，是不封顶的。邢先生举出实例进行了证明。比如，上面提到的“年六十以上”，“上”到多少岁，并没有限定。不过在生活中有些可以依靠知识来推断，如“侍郎以上”，肯定不会“上”到包括皇帝在内。

邢先生在对古代“X以上”格式不封顶的问题进行探讨时发现：既然“X以上”格式本身不提供有关封顶信息，那么，古人需要封顶，该怎么办呢？于是邢先生通过考察，得出古人采用了四种办法。

第一种办法是：“X以上”后边加“至”或“至于”，形成“X以上至Y”之类的格式，如：

(23) 士大夫以上至于公侯，莫不以仁厚知能尽官职。(《荀子》荣辱篇第四)

(24) 女子年十五以上至三十不嫁，五算。(《汉书》卷二)

第二种办法是：“X以上”前后加“自……至”之类，形成“自X以上至Y”之类格式，如：

(25) 自佐史以上至于大吏皆权臣之党。(《汉书》卷六十)

(26) 自二千石夫人以上至皇后，皆以蚕衣为朝服。(《后汉书》志第三十)

第三种办法是：用“以下”对照限定，形成“X以上Y以下”或“Y以下X以上”的格式，如：

(27) 四品以下五品以上，令预前一日赴南都署表。(《北史》卷三十九)

(28) 调诸路猛安谋克军年二十以上、五十以下者，皆籍之，虽亲老丁多亦不许留侍。(《金史》本纪第五)

第四种办法是：在“X以上”后边指明数量范围，从而使“以上”受到了明确的限定，如：

(29) 凡鸿水渊薮，自三百仞以上，二亿三万三千五百五十里，有九渊。(《淮南子》卷四坠形训)

(30) 于是大定百官，置太师、丞相，自大司马以上七公，位皆上公，绿綟绶，远游冠。(《晋书》载记第二)

邢先生非常注重以问题为导向的研究领域的发掘。在《复句》的结束语中，他指出：“不管研究哪个方面的问题，都需要深入发掘语法事实，小题大做，由小见大。抓住一个问题，做深做透，然后做串连性追踪，一个题目一个题目地做下去，这样才有可能系统而深入地揭示规律的方方面面。不然，研究工作就可能永远浮在表面上。”①

第三节 “X以上”问题的思索

邢先生通过一系列的发掘得出结论：“X以上”格式是古代传统格式，是包括式；以“X及以上”为代表的格式是现代新兴格式，是严密式。对于发掘出来的这个结论，邢先生又提出了一系列问题：新兴格式产生了，传统格式是否会消失？如果传统格式不会消失，那么新兴的严密式和传统的包括式会如何相处？这种古今语言格式共存的现象又说明了汉语怎样的发展趋势？

对“X以上”古今用法的发掘，引发了邢先生对新兴格式和传统格式存亡问题的思索。邢先生认为，新兴格式产生了，传统格式也不会消失。

① 邢福义：《复句》，《语法研究入门》，商务印书馆2005年版，第535页。

因为语法格式的发展往往是累积性的，而不是取代性的。传统的“X 以上”包括式和新兴的以“X 及以上”为代表的严密式，都会由于不同的需求而在不同的具体场合被使用，不管是现在还是将来，二者都是并立共存的。

在需要精确描述的场合，人们会使用“X 及以上”为代表的严密式，如：

(31) 海外应聘者……一般应在国外获得助理教授及以上职位或其他相应职位。(《人民日报》(海外版) 2008 年 6 月 27 日)

其中，“助理教授及以上职位”就清清楚楚地标明了包括助理教授，如果说成“助理教授以上”就会产生歧义，让那些身在海外的助理教授们犯愁：自己到底是否符合条件？可见，“X 及以上”这种严密式在特定的场合非常重要，是不能被“X 以上”这种包括式所取代的。

由于“X 及以上”毕竟属于书面语说法，并不口语化，因而在一般的场合，在意思不会受到误解的情况下，人们还是会继续使用“X 以上”这种传统格式。如在政论文作品中：

(32) 当今世界存在的主要宗教，佛教、犹太教有两千年以上的历史……(江泽民《论宗教问题》)

“两千年以上”表意已经清楚了，如果换用“两千年及以上”反而不自然了。再如在文学作品中：

(33) 本人愿如此服务五十年以上。(方方《桃花灿烂》)

“五十年以上”表意明确，符合说话的语气，如果换用“五十年及以上”反而别扭了。

可见，“X 以上”这种包括式口语色彩较浓，在特定的场合是不能被“X 及以上”这种严密式所取代的。

邢先生通过对“X 以上”古今用法问题的发掘，对新兴格式和传统格式存亡问题的思索，最后得出了自己的结论：总之，新兴的严密式和传统的包括式会共存共处，各自发挥自己的作用。这一点，符合汉语朝着表现力越来越强的方向不断发展的总趋势。

对“X 以上”新旧格式的思索，反映了邢先生二元对立的辩证思维观。新兴格式和传统格式因为都能够满足不同场合的语用需求，所以可以共存共处。这也说明语言的发展是动态变化的，语言的演变是受语用需求制约的，而语用需求的多样化又导致了表达格式的多样化。人们可以根据不同的语用需求选择不同的表达格式，不同的表达格式可以满足不同的语用需求。

从该文推递性的关联“探讨”→“发掘”→“思索”，可以看出邢先生思维研究的前进轨迹、求知历程的延展线索。

第四节 “X以上”问题的追踪

为了弄清“X以上”格式的变化过程，邢先生对这个问题进行追踪后写了《“X以上”格式在现代汉语中的演进》一文，发表在《语言研究》2010年第1期上。

在这篇文章中，邢先生详细地描写了现代汉语中“X以上”三种模式的基本情况，并对这三种新兴模式的演进轨迹作了解说。这三种模式分别为：“X前后复用式”，如“X或/及X以上”；“X后项指代式”，如“X及其以上”；“X后项减省式”，如“X及以上”。

邢先生认为这三种模式演进的轨迹是：从纷乱到成型，从增繁到再趋简，从共存到频率有秩。通过对古老格式“X以上”在现代汉语演进轨迹的分析，最后得出结论：书面语以口语为基础，但书面语的发展有其特殊需求，并非口语的简单复制。

“X以上”是个古老的格式，是一种重要的段位表示法。上古许多著作里，包括《周礼》《仪礼》《商君书》等，都有使用。如《论语》里就有：“子曰：中人以上，可以语上也；中人以下，不可以语上也。”在古人的笔下，“X以上”也好，“X以下”也好，都包括X在内；但在“X以上”和“X以下”对举使用的情况下，却是“以上”包括X，“以下”排除X。古人的这种理解反映的是一种朴素的心理认同。这种心理认同导致歧解，引起争端。为了文字表达的精确性，今人在“X以上”的使用上作过种种尝试。

为了保证语义的确定不移，使用“X以上”这一格式时，现代人有时采用括号加注的办法，如：

(34) 单价在3 000元以上（含3 000元）。

(35) 价值在人民币200元（不含200元）以上。

这种括号加注的办法的确能够起到帮助排除歧解的作用。然而，这么写看起来不大顺眼，读起来不好上口。特别是具体写法出现了杂乱的局面，显得五花八门，如以下六种情况。

第一，由于各人理解的不同，有人在括号里注明“含X”，有人在括号里注明“不含X”，这是意思相对立的两种写法，如：

(36) 妊娠7个月（含7个月）以上生产或者妊娠不满7个月早产的，生育医疗费补贴从原来的2 500元调整为3 000元。

(37) 理事会通过定向发行认购和从债券一级市场承销或分销的、由理事会持有的、期限在一年以上（不含一年）的债券。

第二，在括号里注明“含X”或“不含X”时，有的把括号用在“以上”前面，如“7个月（含7个月）以上”，有的把括号用在“以上”后面，如“一年以上（不含一年）”。

第三，在括号里注明“含X”后，有的还加注“下同”，如：

(38) 在服役期间荣立二等功（含二等功，下同）以上的，应当安排工作。

第四，括号中的“含X”，有时只用“含”字，如：

(39) 司局级（含）以上党政干部不参加评选。

第五，到底“X以上”和“X以下”含不含X，不同文件有不同的解释，如：

(40) 本条所称“以上”，含本数；所称“以下”，不含本数。

(41) 本细则所称“以上”“以下”，均含本数或本级。

第六，“含X”有时写成“包括X”，如：

(42) 要组织县（包括县）以上领导干部……继续深入掌握党的十二大确定的一系列指导思想和方针政策。

诸如此类的办法，尽管可以避免歧解，但各搞一套，不顾全局。语言具有社会性，为社会人群所共同使用。今人经过多年的不断调整更新，形成了三种新兴模式，分别表现为“X或/及X以上”“X及其以上”“X及以上”。这些模式或具体形式都首先明确肯定包括X，然后再明确肯定包括比X更高的级度。在结构组织上，联结词“或”“及”“和”之类的添加嵌入，标明了格式的双层并合性。于是，含义确定，不再存在两解的可能。

邢先生的文章，对这三种模式分别进行了充分的描写。

一、第一种模式：“X前后复用式”

“X前后复用式”及相应语言事实示例，如表5-1所示，表中的空白栏表示暂未发现与之相配的语言事实。

表 5-1 “X 前后复用式”

X 的性质		X 或 X 以上	X 及 X 以上	X 和 X 以上
X是数量词语	X 是惯用物量词	考试内容应覆盖大学本科主干课程五门或五门以上。	对于十层及十层以上的居住建筑的消防管理，规则提出可由房产部门参照本规则实施。	1981 年出生的婴儿中，属于 3 胎和 3 胎以上的占 28.09%。
	X 是度量衡物量词	还要承担两亩或两亩以上宜林荒山荒地造林种草任务。	我国只有 8 吨及 8 吨以上的载重车用柴油机。	黑白电视机主要是 14 英寸和 14 英寸以上的大屏幕需求量大。
	X 是准量词	我们提倡和鼓励有两年或两年以上实际工作经验的在职人员报考硕士生。	1996 年，美国每 1 000 名 12 岁及 12 岁以上的人中有 12.4 起暴力犯罪。	工龄在五年和五年以上的，最多发给二十四个月的待业救济金。
	X 是惯用动量词	怀孕 6 次或 6 次以上的妇女与未曾怀过孕的妇女相比，患心脏病的可能性要高出 50%。	在安全生产方面严重失职，一年内发生两次及两次以上爆炸……负主要领导责任的，应当引咎辞职。	
	X是数词	贷款购买二手房的，最低首付款比例在 30%或 30%以上。	全国四级及四级以上建筑业企业实现利润 166 亿元，增长 7.0%。	
	X 是“数（量）名”结构	由拉美两国或两国以上合营的多国公司也在不断出现和壮大。	出生婴儿男多女少，在二孩及二孩以上家庭表现尤为明显。	
X是级位词语	X是名词	每个药店都必须配备执业药师或药师以上药学专业人员。	大专及大专以上文化程度的占 7.1%。	全党现有四千万党员，其中有九百多万干部，有近二百五十万个基层和基层以上的党组织。

续表

<table>
<tr><th colspan="2">X的性质</th><th>X或X以上</th><th>X及X以上</th><th>X和X以上</th></tr>
<tr><td>X是级位词语</td><td>X相当于名词</td><td>通过五年的努力，这些地区经济社会发展达到当地中等或中等以上水平。</td><td>改革普通高等学校、普通高中、中等及中等以上各类职业学校招生、收费和毕业生就业制度。</td><td></td></tr>
<tr><td colspan="2" rowspan="3">联结词的变化</td><td>归侨、侨眷具有大学或者大学以上学历申请自费出国学习的，按照国家有关规定给予适当照顾。</td><td rowspan="3">巴基斯坦最高法院在判决中还说……选举委员会有权向1个政党或2个以及2个以上联合竞选的政党分配指定1个竞选标志。</td><td rowspan="3"></td></tr>
<tr><td>南海诸岛年平均风速都在每秒钟四米或是四米以上。</td></tr>
<tr><td>在高中阶段的教育当中，一半或者是一半以上为中等专业职业学校的教育。</td></tr>
</table>

“X前后复用式”是X在前项和后项同形复用，形成“X或X以上”“X及X以上”“X和X以上”三种具体形式，前后项之间用连词“或/及/和”联结。在逻辑关系上，“X或X以上”是析取形式，“X及/和X以上”是合取形式。析取形式，是离析开来，对前后两项都予以认可；合取形式，是合拢来，对前后两项作归总性认可。结果殊途同归，二者同义。

从表5-1可知：

1.“X或X以上”中，“X”既可以是数量词语，也可以是级位词语。联结词“或”，还可以是“或者”“或是”“或者是”。当“X”是数量词语时，“X”可以是惯用物量词、度量衡物量词、准量词、惯用动量词、百分比数词，有时还可以是“数（量）名”结构。当“X”是级位词语时，“X”就是具有级位语义特征的名词。级位名词前面不能出现数词。级位词语有时可以是名词，有时可以是相当于名词性质的非名词。

2. “X及X以上”中，“X”既可以是数量词语，也可以是级位词语。联结词是“及”，还可以是“以及”。当“X”是数量词语时，“X”可以是惯用物量词、度量衡物量词、准量词、惯用动量词、表序数的数词，有时还可以是“数（量）名”结构。当“X”是级位词语时，“X”就是具有级位语义特征的名词。级位名词前面不能出现数词。级位数词有时可以是名词，有时可以是相当于名词性质的非名词。

3. “X和X以上”中，“X”既可以是数量词语，也可以是级位词语。联结词暂时发现只有用“和”这一种语言现象。当“X”是数量词语时，“X”可以是惯用物量词、度量衡物量词、准量词；当“X”是级位词语时，“X”就是具有级位语义特征的名词。级位名词前面不能出现数词。目前发现级位词语只有名词这一种，还未发现其他非名词的现象。

4. 对这三种形式进行横向综合比较，会发现：“X和X以上”这种形式的语言现象，不及“X或X以上”“X及X以上”丰富。因为目前还没发现“X和X以上”中的“X”作数量词语时，“X”是惯用动量词、数词、“数（量）名”的现象；也未发现“X”作级位词语时，“X”是非名词的现象。在联结词方面，“X和X以上”也只用“和”一种，还没有发现换用其他联结词的现象，如表5-2所示。

表5-2 “X前后复用式”中“X”和联结词的分析

	X或X以上	X及X以上	X和X以上
X是惯用物量词	+	+	+
X是度量衡物量词	+	+	+
X是准量词	+	+	+
X是惯用动量词	+	+	−
X是数词	+	+	−
X是“数（量）名”结构	+	+	−
X是名词	+	+	+
X是相当于名词性质的非名词	+	+	−
联结词的变化	+	+	−

再看邢先生对1990年与2005年《人民日报》中第一模式检索的结果：

第一模式以关联词“或”“及”“和”的不同，形成“X或X以上”“X及X以上”“X和X以上”三种具体形式。它们被选用的情况如表5-3所示。

表5-3 1990年与2005年《人民日报》中的“X前后复用式”用例

	X或X以上	X及X以上	X和X以上
《人民日报》(1990年)	13例	12例	5例
《人民日报》(2005年)	8例	8例	5例

由表5-3可知，用“或”、用“及”数量基本相当，用“和”偏少。邢先生解释：这是因为X是基本定位点，是充足条件。用“或”，前面的X是第一选言肢；用“及”，前面的X是位置较为重要的第一并列项。因此，用“或”、用“及”，比起用表示平等并列的“和”，都更能凸显基本定位点。

二、第二种模式：“X后项指代式”

“X后项指代式”及相应语言事实示例，如表5-4所示，表中的空白栏表示暂未发现与之相配的语言事实。

表5-4 “X后项指代式”

X的性质		X后项指代式——X及其以上
X是数量词语	X是惯用物量词	收费项目在十种及其以下……
	X是度量衡物量词	高法的这项司法解释规定，“高压”包括1000伏及其以上的电压等级的高压电。
	X是准量词	15周岁及其以上人口中，文盲、半文盲所占总人口的比率已从1949年以前的80%以上降到现在的15.88%。
	X是数词	每套价格总和达到同型号产品整机价格的60%及其以上的，可视为构成整机特征，按进口配额管理机电产品的规定办理。
X是级位词语	X是名词	引进到市属国有企业工作的本科及其以上学历毕业生，可享受市政府颁发的工作津贴。
	X相当于名词	取得小学教师资格，应当具备中等师范学校毕业及其以上学历。
联结词的变化		

“X后项指代式”，是X在前项出现，后项用“其”指代X。结果出现

了“X及其以上”的形式。这是“X后项指代式”的唯一形式。

从表5-4可知：“X及其以上”中，充当X的词语也有两大类。“X”既可以是数量词语，也可以是级位词语。目前只发现联结词是“及”这一种语言现象。当“X”是数量词语时，“X”可以是惯用物量词、度量衡物量词、准量词、数词；当“X”是级位词语时，“X”可以是名词，也可以是性质相当于名词的非名词。另外，“X及其以上”，当“X”是数量词语时，还未发现“X”是惯用动量词、“数（量）名”结构，以及与“及”换用的联结词。

第二模式只有一个具体形式：X及其以上。为什么只说“及其”，而不说“或其”“和其”？邢先生认为：这是因为“及其”是固定组合，有的词典甚至把它列为词条并解释为连词。这样，“或其”“和其”自然不会被选用。当然，“及其”是否能整个看成一个连词，或者说，“及其”是否已经走完了作为一个连词的语法化里程，也许还需要作一次专题研究。

三、第三种模式：“X后项减省式”

“X后项减省式”及其相应语言事实示例，如表5-5所示，表中的空白栏表示暂未发现与之相配的语言事实。

表5-5　“X后项减省式”

X的性质		X及以上	X或以上
X是数量词语	X是惯用物量词	其他所有进川旅客列车还将陆续加挂一辆及以上行李车用于装运紧急救灾物资。	核电站每操作一年，发生一宗或以上早丧事件的概率，约为一百万分之一。
	X是度量衡量词	旅客列车时速达到160千米及以上的线路延展里程达到7 700千米。	每发1千瓦时电所消耗的标准煤在400克或以上，而高效率的超超临界大型煤电机组煤耗不到280克。
	X是准量词	我国60岁及以上老年人口已达到1.53亿人，占总人口的11.6%。	
	X是惯用动量词	33.6%的用户维修过电视机……维修过7次及以上的占1.6%。	

续表

X的性质		X及以上	X或以上
X是数量词语	X是数词	①全年空气质量三级及以上的天数超过全年的85%，二级及以上天数达到45%。②中方控股，是指中方投资者在外商投资项目中的投资比例之和为51%及以上。	90%或者以上的轻微家庭暴力事件则往往被掩盖在妻子的“面子”之中。
	X是“数（量）名”结构	其中市区居民住宅成套率比上年增长了21%，居住二居室及以上单元楼房的住户已达78%。	中国东部与西部之间有两个小时或以上的时差，因此日用电高峰也相差两个小时或以上。
X是级位词语	X是名词	年龄不超过40岁，在国外著名大学或研究机构担任助理教授及以上学术职务的年龄可放宽到45岁。	澳门特别行政区各级法院院长和法官、检察院检察长和检察官应拥护和遵守基本法，具有法学学士或以上学位和法律工作经验。
	X相当于名词	调低木薯、32位字长及以上微型计算机的进口关税税率……	
联结词的变化			具有高级中学、中等专业学校或者以上学历，身体健康，具有适应导游需要的基本知识和语言表达能力的中华人民共和国公民，可以参加导游人员资格考试。

“X”后项减省式，是X只在前项出现，后项承前减省，留有一个同形X的空位。结果，形成了“X及以上”“X或以上”两个具体形式，也可以描写为“X及以上”“X或以上”。

从表5-5可知：

1. “X及以上”中，“X”既可以是数量词语，也可以是级位词语。目前尚未发现换用联结词“及”的语言现象。当“X”是数量词语时，“X”可以是惯用物量词、度量衡物量词、准量词、惯用动量词、表序数的数词和百分比数词，有时还可以是“数（量）名”结构。当“X”是级位词语时，“X”就是具有级位语义特征的名词。级位名词前面不能出现数词。级位词语有时可以是名词，有时可以是相当于名词性质的非名词。

2.“X或以上”中，“X”既可以是数量词语，也可以是级位词语。联结词“或”，还可以是“或者”。当“X”是数量词语时，“X”可以是惯用物量词、度量衡物量词、百分比数词，有时还可以是“数（量）名”结构。当“X”是级位词语时，“X”就是具有级位语义特征的名词。级位名词前头不能出现数词。级位词语有时可以是名词，有时可以是相当于名词性质的非名词。

3. 对这两种形式横向综合比较会发现“X及以上”这种形式的语言现象比“X或以上”丰富。因为目前还未发现“X或以上”中的“X”作数量词语时，“X”是准量词和惯用动量词的语言现象。

再看邢先生对2002年与2005年《人民日报》中第三模式检索的数据，如表5-6所示。

表5-6　2002年与2005年《人民日报》中的“X及以上”和“X或以上”用例

	X及以上	X或以上
《人民日报》（2002年）	25例	2例
《人民日报》（2005年）	30例	5例

可见，用“及”的数量大大多于用“或”的数量。邢先生解释：这是因为，用“及”更能直接强调出并列项中的主项。另外，从逻辑上讲，“及”表合取，“或”表析取，“及”比“或”的解释力更强，它能更直接更容易地被人们理解和接受。

四、三种新兴模式的综合比较

综上所述，邢先生对“X以上”的三种新兴模式“X前后复用式”“X后项指代式”“X后项减省式”及其各自对应的六种形式“X或X以上”“X及X以上”“X和X以上”“X及其以上”“X及以上”“X或以上”进行了充分的描写，现将这六种形式进行综合比较，如表5-7所示。

表5-7 三种新兴模式的综合比较

	X前后复用式			X后项指代式	X后项减省式	
	X或X以上	X及X以上	X和X以上	X及其以上	X及以上	X或以上
X是惯用物量词	+	+	+	+	+	+
X是度量衡物量词	+	+	+	+	+	+
X是准量词	+	+	+	+	+	−
X是惯用动量词	+	+	−	−	+	−
X是数词	+	+	−	+	+	+
X是“数（量）名”结构	+	+	−	−	+	+
X是名词	+	+	+	+	+	+
X是相当于名词性质的非名词	+	+	−	+	+	−
联结词的变化	+	+	−	−	−	+

从表5-7可知：

1. 当“X”是准量词时，不能选用“X或以上”形式。如书面语里不能说“三年或以上”“三岁或以上”。

2. 当“X”是惯用动量词时，不能选用“X和X以上”“X及其以上”“X或以上”。如书面语里不能说“三次和三次以上”“三次及其以上”“三次或以上”。

3. 当“X”是数词时，不能选用“X和X以上”。如书面语里不能说“30%和30%以上”。

4. 当“X”是“数（量）名”结构时，不能选用“X和X以上”“X及其以上”。如书面语不能说“一美元和一美元以上”“一美元及其以上”。

5. 当“X”不是数量词语，也不是级位名词时，如果“X”的性质不能相当于名词，那就不能选用“X和X以上”“X或以上”。如书面语里不能说“中等和中等以上”“中等或以上”。

6. 联结词没有发生变化的是“X和X以上”“X及X以上”“X或以上”。这三种形式中的联结词“和”“及”“或”是固定的用法。

7. 当“X”是惯用物量词、度量衡物量词、准量词、级位名词这四种情况时，以上六种演进形式都可通用。

8. 从语法功能看：在“X前后复用式”中，“X或X以上”“X及X以上”优于“X和X以上”；在“X后项指代式”中，因为只有“X及其以上”一种，所以无法比较。在“X后项减省式”中，“X及以上”优于“X或以上”。

如果用“＞”号表示优于，那么可以列出如下顺序：

①“X前后复用式”：“X或X以上”“X及X以上”＞“X和X以上”；

②“X后项指代式”：“X及其以上”；

③“X后项减省式”：“X及以上”＞“X或以上”。

根据上述的顺序可以得出：现代汉语里“X以上”演进形式的一条发展轨迹是“X或/及X以上”→“X及其以上”→“X及以上”。

以使用频率最高为标准，由于“X及X以上”和“X或X以上”的使用频率大体相近，第一种模式的代表形式是“X或X以上”和“X及X以上”；第三种模式的代表形式是“X及以上”。如果按字数多少来排序，便是：“X及X以上”（“X或X以上”）—“X及其以上”—“X及以上”。由于第二模式和第三模式的联结词都是“及”，所以第一模式在频率大体相近的情况下，优先选择“X及X以上”，这样便出现了一条相当规整的序列链：“X及X以上”—“X及其以上”—“X及以上”。

综上所述，通过对语言现象的分析，我们可以从理论上得出“X以上”演进式的三条发展轨迹：

一是定型轨迹。“X以上”演进式是从纷乱到成型，是从五花八门的括号加注到相当规整的序列链，符合语言运用的社会性。

二是趋简轨迹。“X以上”演进式是从增繁到再趋简，一方面是整体增繁。由“X以上”流变为“X前后复用式→X后项指代式→X后项减省式”，不是趋简，而是增字繁化。这样的增繁在容易引起争议时，特别是在严格的法律性文字中，具有明显的必要性。另一方面是内部再趋简，即增字繁化模式内部，又再讲究趋简。之所以如此，原因很简单，“X或/及/和X以上”毕竟复用了X，如果X本身字数较多，复用起来就很麻烦，念起来就很费力。现代汉语里，从增繁到趋简，即多种增字繁化的模式一旦形成，人们又会尽可能选用其中最为简明的形式。于是，又会出现趋简倾向，既符合表述的明快要求，又符合汉语句法运用的整体走势。

三是有秩轨迹。“X以上”演进式是从共存到频率有秩。不管是“X以上”还是它的演进模式，不管是演进模式中的哪一种具体形式，都不会被淘汰。相反，在辞达而已的原则下，各种形式会长期并存并用。邢先生对

1990年与2005年《人民日报》三种模式出现频率的考察，如表5-8所示。

表5-8 1990年与2005年《人民日报》中的三种新兴模式用例

	X或/及/和X以上	X及其以上	X及/或以上
《人民日报》(1990年)	30例	2例	35例
《人民日报》(2005年)	23例	4例	35例

由表5-8可知，X后项减省式使用频率最高；X前后复用式次之，但仍然较为多见；X后项指代式最少。X后项指代式之所以用得少，是因为它毕竟多了一个“其”字。按趋简性原则，能省则省。现代汉语里，从共存到频率有秩，这是“X以上”演进形式的又一条发展轨迹。

(4) 从“X以上”格式在现代汉语中的演进可知，书面语是不同于口语表达的一种形式。口语是书面语的基础，但是书面语并非口语的简单复制，而是有其自身的发展规律。古老的“X以上”在现代汉语书面语里出现了新兴的模式，可以进一步证明书面语的发展有时能够突破口语的管控。

第五节 结 语

邢先生写《“X以上”格式在现代汉语中的演进》是对《“X以上”纵横谈》的深入追踪、深入考察的结果。

由此可见，邢先生追踪的战线之长，从古到今；追踪的范围之广，从纷乱到定型；追踪的程度之深，从事实到理论。

邢先生从纵向考察了演进的三种轨迹，从横向考察了每种模式的具体表现形式，纵横交错，极为全面；同时，邢先生又在充分描写语言事实的基础上，进行了据实思辨，得出了理论性的结论。

这进一步告诉我们：科学研究离不开追踪，追踪意识是科学研究的必备品质。在如何对语言事实进行追踪方面，“X以上”格式的探究是一个成功的范例。

对于语言问题，邢先生说，语言应用研究应该多注意实际问题，哪怕是很小很小的似乎不成问题的问题；同时，应该由小见大，多在理论发掘上下功夫。宏观性研究是有必要的，但研究工作不能老是大而化之。另外，不能老是停留在现象的孤立分析上面，停留在就事论事的感性认识层次上面。如果把种种事实放在动态的具有内在规律性的语言应用体系中来考察，发掘出相关的理论问题，并且形成理论系统，那么，不仅对实际性问题如语言规范化的问题能够做出有说服力的结论，而且对整个学科建设、对我国应用语言学的走向成熟和形成特点定将起到强有力的推动作用。

邢先生做研究、写论文始终都以问题为支柱、为核心、为导向，通过解决一个个具体的实际问题来实现对语言事实的不断发掘，对研究领域的不断拓展，对学术理论的不断提升。他出版了系列论文集：《语法问题探讨集》《语法问题发掘集》《语法问题思索集》《语法问题追踪集》和《语法问题献疑集》。从书名中的“探讨→发掘→思索→追踪→献疑”可以看出：邢先生这一辈子都在研究语言问题，并且年龄越大，挖掘越深；挖掘越深，问题越多；问题多了，就永远站在问号的起跑点上。

邢先生曾在《让学生永远站在问号的起跑点上》一文中指出：句号比喻结论，问号比喻疑问。问号来自对客观事实的高度敏感与充分观察，还来自对原有理论的检审，包括对权威著作的“吹毛求疵”。有了问号，就要紧紧抓住，寻求答案，得出句号。然而，不能止步于句号。敢走自己的路的人，总会跳出一串串句号，追逐一串串新的问号，永远站到问号的起跑点上。王充《论衡·实知篇》：“不学不成，不问不知。”张载《经学理窟·学大原下篇》：“学贵心悟，守旧无功。”我们应该多多咀嚼这类警言名句。

第六章　“说广数”的数字文化

汉语中的数字，它不单单表示数的概念，在很多情况下，它还是一种文化符号，折射出一个民族多层面的文化特性。邢福义先生从国学的角度对汉语中的数字进行了研究，写了《说“广数”》一文，后以《“广数”论略》为题发表在2009年5月18日的《光明日报》（国学版）上。限于篇幅，原文在发表时有所删减。该文的完整稿后发表在2010年第2期《华中师范大学学报》（人文社会科学版）上。本章的评说便以此完整稿为依据。

邢先生从语言学的专业视角考察了数字“四”“八”的系列语言事实，重点辨察了数字“四”“八”的文化现象，深入考察了数字“四”“八”的语表文化、语义文化和语用文化，丰富了数字“四”“八”的文化内涵，提出了数字“四”“八”是泛指极为广阔的范围，即“四”“八”表示广数这个概念。

第一节　辨察数字文化的现象

邢先生通过对10个数目字“一”“二”“三”“四”“五”“六”“七”“八”“九”“十”的多角度观察和考证，得出结论：如果说，“三”“九”表示多数，“五”“十”表示满数，那么“四”“八”便表示广数。广数是跟多数、满数相对的概念，都属于概数。

一、关于“四”的文化现象

数字“四”经常和另一个语素“X”组合，构成“四X”，一起来表示广数，其中最具有代表性的是“四方”。“四方”本指东方、西方、南方、北方，表示广数时则笼统泛指各方，如：

(1) 及高祖镇太原，文静察高祖有四方之志，深自结托。（《旧唐书》卷六十一）

从语法结构上看，在“四X”中，“X”既可以是名词性语素，也可以是动词性语素。

“X”是名词性语素，除了“四方”，常用的还有“四面”和“四海”。

“四面”本指东面、西面、南面、北面，表示广数时笼统泛指各面，如：

(2) 贪利无耻敢于为恶之人，挟敌兴兵，四面而起，以求逞其所欲。(《续资治通鉴》卷第一百六十八)

“四海”一般用于泛指全国各地，如：

(3) 是以贞观一朝，四海宁晏。(《旧唐书》列传第六十九)

此外，“X”是名词性语素的还有“四野”“四外”“四处”“四下”“四下里”等形式。这些词有的来源于上古，有的来源于白话文作品，至今都在使用。

“X”是动词性语素，比较常用的有“四顾”“四望”“四散”“四窜”“四射”“四溢”“四起”“四伏”，如：

(4) 暮行河堤上，四顾不见人。(韩愈《暮行河堤上》)

(5) 黄沙碛里客行迷，四望云天直下低。(岑参《过碛》)

又如，“(弟兄)四散”“(亡命)四窜”“(红光)四射”“(湖水)四溢”“(风波)四起”“(祸机)四伏”等，在这些结构相同的短语中，“四”字都起到了泛指广度的作用。

二、关于“八”的文化现象

数字“八”经常和另一个语素“X”组合，构成“八X”，一起来表示广数，其中最具有代表性的是“八方”。“八方”本指四方(东、南、西、北)和四隅(东南、东北、西南、西北)，表示广数时，仍然泛指各处，如：

(6) 洪泽丰沛，漫衍八方。(《后汉书》卷十上)

(7) 自今以始，八方攸同。(《宋史》卷一百三十七)

从语法结构上看，“八X”中，“X”既可以是名词性语素，也可以是动词性语素。

“X”是名词性语素，除了“八方”，常用的还有“八面”。“八面”主要用于广数，泛指周围各个方面，如：

(8) 逾时，风势八面俱至，终夜不止，如是者连日。(《元史》卷五十一)

(9) 有好主意可以八面周全，不使太太们生气。(《红楼梦》第七十三回)

另外，“八面威风、八面玲珑”之类，成了今天常见的成语。在“八X”中，“八海”的说法也存在，泛指极为广阔的范围，如：

(10) 十洲隔八海，浩渺不可期。(陈陶《怀仙吟二首》)

跟“八海”同义的还有“八冥”“八溟”。“八海”这种说法，在近代白话文作品中数量很少，偶尔见到；在现当代作品中数量为零，不再出现。

跟“八方”语义相同、相通或相关的形式相当多。比如在古代，跟“八方”语义相同或相通的词语有“八圻”“八都”“八陲”“八鸿”“八宇”“八寓”“八区”“八隅”“八嵎”“八镇”“八维”。跟“八方”形式相关的词语有“八殥”“八寅”“八夤”“八埏”“八演”“八极”“八鄙”“八裔”“八际”等，都指八方边远之地；而“八幽”“八纮”“八蕃”“八荒”分别指“八方幽远之地”“八方极远之地”“八方蛮夷之地”“八方荒远之地”。此外，在罗竹风主编的《汉语大词典》中，还有“八表”“八外”，都指八方之外，即极远的地方；以及“八正”，指八方的和风。

在近现代作品中，上述这些词语已不再使用了，而出现了若干活跃在人们口头上的包含了“八”字的表示广数的词语，如“八下里”“八辈子”“八竿子”“八丈远”“八十里”“八百里”“八千里”“八万里”和“十万八千里”等。

“八下里”指很多方面，如：

(11) 厂长一根肠子挂到八下里，自然是顾了这头，丢了那头，无法坐下来研究生产。”(《人民日报》1987 年 12 月 5 日)

(12) 如今这事八下里水落石出了，连前儿太太屋里丢的也有了主儿。(《红楼梦》第六十一回)

“八辈子”通过强调时段之大来形容程度深或时间长，如：

(13) 要不是刘书记秉公办事，我这个冤案八辈子也翻不过来。(《人民日报》1985 年 12 月 19 日)

(14) 快走，别啰嗦了，你欠咱们穷人八辈子血债。(周立波《暴风骤雨》)

“八竿子”用长度大的事物表示搭不到边之类的意思，如：

(15) 何必为那些八竿子够不着的事情瞎操心？(魏润身《挠攘》)

(16) 这些名人其实同他八竿子也搭不到边的。(陈世旭《将军镇》)

“八丈远”强调距离大隔得远，如：

(17) 我还差八丈远！(杜鹏程《保卫延安》)

(18) 她一下子跳开了八丈远，声色俱厉地喊：“不许碰我！”(琼瑶《雁儿在林梢》)

(19) 一张嘴，脸上不知为什么有点热，话儿立刻离了八丈远……(冯志《敌后武工队》)

“八十里”强调广阔遥远，如：

（20）1928年春，国民党到平江“清乡”时，从东乡到南乡，火烧八十里。（《人民日报》1986年12月21日）

（21）八十里大南山上，夏无酷暑，冬无严寒，气候温和，雨量充沛，坡谷缓接，水草肥美，是一个难得的天然牧场。（《人民日报》1983年7月21日）

“八百里”也是强调广阔遥远，如：

（22）八百里苍郁的路程，挡不住雄鹰的盘旋。（《人民日报》1981年11月10日）

（23）像吊在离地八百里的天顶上，你听听……（尤凤伟《石门夜话》）

（24）心里不大高兴，脚下使劲，轮子飞快转动，好像要把这扫兴的伙伴甩到八百里外去。（谌容《梦中的河》）

“八千里”也是强调广阔遥远，如：

（25）早逃到八千里外去了。（席绢《女作家的爱情冒险》）

（26）念动真言，攒紧了拳，将身一抖，跳将起来，一筋斗就有八千里路哩！（《西游记》第二回）

（27）丰乐楼上望西川，动不动八千里路。（冯梦龙《警世通言》第六卷）

“八万里”也是强调广阔遥远，如：

（28）遥遥八万里，他考察了40多个少数民族，收获了6万张照片和100万字的笔记。（《人民日报》1993年11月5日）

（29）这宝贝变化无穷！那怕他八万里火焰，可一扇而消也。（《西游记》第六十回）

“十万八千里”也是强调广阔遥远，如：

（30）学了两年的英语，可是只不过学了一点皮毛，离六百分还差十万八千里呢。（白帆《那方方的博士帽》）

（31）我会驾筋斗云，一个筋斗有十万八千里路，故此得即去即来。（《西游记》第十四回）

（32）就如有根绳子将你的腿脚拴住了的一般，任你绕圈走十万八千里路，也只好走个对头。（《醒世姻缘传》第六十五回）

“X”是动词性语素，古代比较常用的有“八通”和“八达”，如：

（33）黄帝西南，除八通鬼道。（《汉书》郊祀志第五上）

(34) 洛阳道八达，洛阳城九重。(《乐府诗集·洛阳道》)

现当代“八通”已不常见，但“四通八达”常见，已成为成语，形容四面八方都有道路可通达。

第二节 考察数字文化的价值

一、考察数字的语表文化

通过探究，邢先生发现，数字“四”和“八”在以广数形式具体应用时，在语表上有时单用，有时连用，或是和表示范围广阔的词语连用，或是对照使用，从而突出“广”的文化内涵。

有时“四X”直接单用，来表示范围广阔的意思。如“四海”，本身就能突显广阔宽泛的意思。

上古文献《论语·颜渊》中就有“四海之内，皆兄弟也”。后来，不管在哪个朝代，使用频率都很高。

到了现当代，“四海”成了一个极有表现力的说法。新生入学进行军训，常唱的《一二三四歌》：

一杆钢枪交给我，二话没说为祖国，三军将士苦为乐，四海为家，哪里有我哪里就有一二三四战士的歌！

一条大路多宽阔，二月春风拂面过，三山五岳任我去，四海为家，哪里有我哪里就有一二三四战士的歌！

这首歌听着听着，深受振奋之余，不由得惊叹起汉语数字的美与奇。四海为家！新时代的战士，心怀伟大祖国，气盖万里河山！

数字“四”和“八”常和表示范围广阔的词语连用，从而强调范围之广阔。有时和“广”“远”“旷”之类的词语连用，如：

(35) 故广延四方之豪俊。(《汉书》卷五十六)

(36) 梁王昔爱才，千古化不泯。至今蓬池上，远集八方宾。(韦应物《大梁亭会李四栖梧作》)

(37) 湖山四面争气色，旷望不与人间同。(元稹《酬郑从事四年九月宴望海亭》)

有时和“天下”“天地”等词语连用，如：

(38) 秦地天下枢，八方凑才贤。(《乐府诗集·白马篇》)

(39) 性好兴利，广收八方园田水碓，周遍天下。(《晋书》列传

第十三)

(40) 德配天地，光被八极，功垂于无穷，名传于不朽。(《陆贾新语》辅政第三)

在(38)—(40)中，前例出现了“天下”；中例不仅用了“广收”，还用了“周遍天下”；后例出现了“天地—无穷—不朽”。

有时还和“无边”“无际”之类的词语连用，如：

(41) 四顾无边鸟不飞，大波惊隔楚山微。(韦庄《泛鄱阳湖》)

(42) 一点英雄气，四顾浩无边。(《全宋词·寿丘月林》)

(43) 四望浩无际，沉忧将此同。(《全唐诗·早发杭州泛富春江寄陆三十一公佐》)

在(41)—(43)中，前例出现了“无边”，中例出现了“浩无边”，后例出现了“浩无际”。

数词“四”和“八”，常对照使用，从而强调范围之广阔，如：

(44) 泽周八荒，兵定四极。(段文昌《郊庙歌辞·享太庙乐章·象德舞》)

(45) 施张四维，缔制八宇。(《宋书》卷九十七)

在(44)—(45)中，分别对照使用了“八荒”和“四极”，“四维”和“八宇”，又如：

(46) 恩流八荒，德溢四海。(《盐铁论》贫富第十七)

(47) 恭己临四极，垂衣驭八荒。(李世民《元日》)

在(46)—(47)中，前例“八荒”和“四海”对照使用；后例“四极”和“八荒”对照使用。

二、考察数字的语义文化

数字“四”和“八”在以广数形式具体应用时，在语义上并不表示数的概念，不是定指为“四”和“八”，而是泛指各处或各面。

有时，与“四”“八”连用的词语，由于形式本身所蕴含的语义文化不同，在语言表达上也表现出不同。

如，“四方”和“四面”、“八方”和“八面”，都是泛指周围各个地方。“四方”“八方”泛指四方各处，八方各处，“四面”“八面”则泛指某一定位点的周围。因此，歌词“走四方……一路走一路望故乡”可以说，却不能说“走四面……一路走一路望故乡”；反之，可以说“茂生心不在焉地四面看看，对众人点点头”(陈世旭《将军镇》)，却不能说“茂生心不在焉地四方看看，对众人点点头”。

有时，与“四”“八”连用的词语，形式本身所蕴含的语义文化相同或相近，但由于受到传统文化的影响不同，在语言表达上也表现出不同。

如，“四海”和“四方”，“四海”泛指全国各处，跟“四方”的泛指含义基本相同。但《辞海》中有言“古以中国四境有海环绕”，因此常说“四海之内”，不说“四方之内”。

又如，中国传统文化源远流长，“志在四方”和“吃八方”已形成了固定的说法，因此常说“男儿志在四方”（陈忠实《白鹿原》），一般不说“男儿志在八方”；“老子一病入了土，娘改了嫁，剩下祖父拖着我吃八方（乞讨）”（陈世旭《将军镇》），一般不会说“祖父拖着我吃四方”。

再如，中国传统文化讲求对仗，“四”和“八”经常对照使用，因此常说“双拳不敌四手，两眼难顾八方”（高晓声《陈奂生上城》），不说“双拳不敌四手，两眼难顾四方”。

此外，中国国粹京剧中的唱词也是受中国传统文化影响的结果。如，《沙家浜》中，阿庆嫂唱道：“垒起七星灶，铜壶煮三江，排开八仙桌，招待十六方。”这个“十六方”是“八方”翻一倍得来的，都是用来泛指，表示各处。将“八方”变成“十六方”，使得京剧的唱词达到一致，每句都是五个字，从而富有韵律美和协调美。

三、考察数字的语用文化

人们经常用到的 10 个最基本的数目字“一”“二”“三”“四”“五”“六”“七”“八”“九”“十”，除了表示确定的数即定数外，还往往表示不确定的数，即概数。

截至目前，学者们已经论说过了“三”“九”表示多数，比如清代汪中的《释三九》。“五”“十”表示满数，比如张德鑫在《数里乾坤》一书中指出：我国古代发明了科学的、先进的十进位制记数法，其中就包含“五进数”的观念。一五一十，十五二十……五跟十一样象征着完整、圆满和吉祥，人们追求十全十美、实实（十十）在在，也追求五谷丰登、五彩缤纷。邢先生结合一系列的语言事实，通过探讨、思索、发掘，提出数字“四”“八”表示广数，即泛指极为广阔的范围，如“四面八方”“四通八达”。

在语言学界，对于二二对称的四字格成语“胡说八道”中“八”的解释，至今都是个未解的谜。因为凡是二二对称的四字格成语，如果出现数字，总是两个数字呼应使用，比如“接二连三”“推三阻四”“五颜六色”

等，然而，在成语“胡说八道”中，数词“八”单独出现比较特殊。根据《汉语大词典》《学生成语词典》《中华多用成语大辞典》的解释，“胡说八道”是“胡说乱道”和“胡说白道”的同义词。问题是，“八”是否就是“乱”和“白”的意思呢？

邢先生认为，根据词语配置前后对称的原则，“胡说八道”中，既然“道”跟“说”对称，那么就可把“八”解释为“乱”，从而跟“胡”对称。对于这种解释，把“八”解释为“乱”，的确有一定的合理之处，但并不准确。从语言事实看，“八”有时的确跟“乱”有联系，如，“乱七八糟”“横七竖八”“七零八落”“七嘴八舌”都有乱的意思，然而这些都要受到特定格局的规约，这些乱的意思都是跟“七”配合使用后才显示出来的。

“胡说八道”和“胡说乱道”在语言表达的情味和色彩上是存在差异的，如：

(48) 四凤（红脸，声略高，走到鲁贵面前）：“谁说大少爷给我钱？爸爸，您别又穷疯了，胡说乱道的。”（曹禺《雷雨》）

(49) 马英的病势仍不能减轻，他被烧得常常胡说乱道。（李晓明、韩安庆《平原枪声》）

这两处的“胡说乱道”都不能改成“胡说八道”，因为“胡说乱道”着重强调的是不符合事实地讲，而“胡说八道”着重强调的是不着边际地讲。四凤对她爸爸讲，主要是想澄清事实，所以用责怪父亲的口吻，说她父亲是“胡说乱道”；马英发高烧，思维处于混沌状态，因此他不可能是“胡说八道”，只能是“胡言乱语”，即“胡说乱道”。

把“胡说八道”解释为“胡说白道”，也许是因为在某种意义上“八”和“白”具有音转关系。但是语言事实表明，很难证明“胡说八道”就是“胡说白道”。

第一，从语料库的检索可知：“胡说白道”和“胡说八道”是两个不同的词，“胡说白道”出现在先，“胡说八道”出现在后，在现代，“胡说白道”几乎不出现了，如表 6-1 所示。因此，不能证明“胡说八道”就是“胡说白道”。

表 6-1 语料库中的“胡说白道”和“胡说八道”

语料库	胡说白道	胡说八道
文言文语料库	0 例	0 例
近代白话作品语料库	7 例	1 例
现当代作品语料库	4 例	125 例

从以上语料库的检索可以看出：首先，“胡说白道”和“胡说八道”不是文言文的说法。其次，“胡说白道”比“胡说八道”出现早一些。因为7例“胡说白道”，分别见于《金瓶梅》2例，《醒世姻缘传》4例，《红楼梦》1例；而“胡说八道”只有1例，见于曾朴《孽海花》，而《金瓶梅》的写作时间早于《孽海花》。最后，在近代以来，“胡说八道”比“胡说白道”出现的频率要高些，具有显著的优势。在现代，人们一般已不用“胡说白道”。

第二，从意义和色彩上讲，“胡说八道”和“胡说白道”是有区别的，有“胡说白道”的地方不一定都能改为“胡说八道”，如：

(50) 昨日晚上睡觉还是好好儿的，谁知半夜里一叠连声的嚷起心疼来，嘴里胡说白道……今日不能上学，还要请大夫来吃药呢。(《红楼梦》第八十三回)

在这里，“胡说白道”是丫鬟袭人用来形容主子贾宝玉说胡话的词语，用“胡说白道”更符合丫鬟的身份。而“胡说八道”具有贬义色彩，在此处使用就极不合适了。

综上所述，“胡说八道”既不能解释为胡说乱道，也不能解释为胡说白道。那么“胡说八道”到底该如何解释呢？

邢先生通过研究数字“四”“八”表示广数这一成果，就可以比较好地解释清楚“胡说八道”的含义，即“胡说八道”是指不符合事实、不着边际地瞎说。其中，“胡”跟“乱”相联系，“八”跟“泛”相联系，“胡说”偏重于不符合事实地胡言乱语，“八道”偏重于漫无边际地信口开河，如：

(51) 行了行了，不要跟我胡扯八扯的！(电视连续剧《人间正道是沧桑》)

其中的“胡”和“八”应有所分工，即分别指向“乱”和“泛”。

在金庸《鹿鼎记》中，聪明机智的韦小宝被胖头陀抓住踏在脚下时，作者写道：“韦小宝……一时无计可施，眼珠乱转，要在殿上找些什么惹眼之物，胡说八道一番，引开胖头陀的目光。”作者接着用很多篇幅叙写韦小宝是怎么“胡说八道”的：他由一块石碣上的碑文扯到八部《四十二章经》，扯到这八部经各藏在什么地方，从河南、山西、四川、少林、武当、崆峒到沐王府，最后扯到吴三桂身上。可见，此处用“胡说八道”一词就十分恰切够味，写出了韦小宝不合事理、不着边际瞎说的情景。

最后，邢先生得出结果：数字“四”和“八”在以广数形式具体应用时，在语用上都有一个共同点，即都用来泛指广数。至于泛指的广数，广到什么程度，这要看广数形式的使用语境。广数有时强调范围广阔宽泛，有时泛指各方或各面，有时泛指极为广阔的范围，不仅可以泛指普天下，甚至可以强调无边无际。总的说来，是泛指特定语境中特定范围内的时空。一般泛指空间，偶尔也泛指时段，如前面提到的“八辈子”。

第三节　丰富数字文化的理论

一、强化数字文化的内涵

古代有民歌《木兰诗》，长达三百余字，述说少女木兰代父从军的故事。诗里先有这么两句，写木兰身经百战之后胜利归来：“将军百战死，壮士十年归。”后面又有这么两句，写战友们陪木兰回家，在看到恢复女妆之后的木兰十分惊讶：“同行十二年，不知木兰是女郎。”前面说“十年”，后面说“十二年”，到底木兰从军多少年？

邢先生在《从木兰从军多少年谈起——〈语言漫说〉之五》一文中对这个问题进行了回答。邢先生说：“十年”也好，“十二年”也好，其实都是多年的意思，并不是实数。汉语里的数词是可以活用的。在木兰诗里，由于音节的要求，前一句不好说成“壮士十二年归”，后一句不好说成“同行十年”。“十二”是“三”的倍数，既然“三”表示多，那么，“十二”也是表示多。“十”是表示满，即也是表示多，所以此处“十二年”和“十年”都是形容木兰在外征战多年。

邢先生在《说“广数”》一文的结语中说道：从总体上说，多数、满数和广数都可以笼统地看作“多”。不过，在特定情况下，三者确有细微差别。当人们说“三番两次”“九死一生”中的“三”“九”的时候，重在强调“多”，当人们说“四面八方”的时候，重在强调“广”，这跟“十全十美”中的“十”重在强调“满”是有所不同的。了解广数，有助于深化汉语数量表达的认识。

邢先生在《国学精魂与现代语学》一文中讲到了一个小故事，说是前几年他到某地去开会，会后十来个朋友一起去了当地出名的一个饺子馆。饺子各种各样，一样样地上。最后一道饺子，每个饺子只有豌豆那么大，放到火锅里，让顾客们自己捞。随后服务员站在桌子旁边，甜美地“做广告”：捞到一个，一帆风顺；捞到两个，好事成双；捞到三个，三羊开泰；捞到四个，四季常青；捞到五个，五谷丰登；捞到六个，六六大顺；捞到七个，七星照耀；捞到八个，八仙过海；捞到九个，天长地久；捞到十个，十全十美。如果没有捞到，就是无忧无虑。

邢先生提出：这个小故事反映了两个方面的含义：一是这个服务员通过巧妙的语言运用，为这道吉祥饺加彩增色，反映了饺子馆经营者的机灵；二是从“0”到“10”已经不仅仅是数字了，而是负载着许多中华传统文化的信息，这里面蕴含着许多深奥的国学知识。

二、延展数字文化的研究

邢先生在《说“广数”》的文尾指出：汉语中，数字的运用富于民族特色，充满浓厚的泥土气息，反映了华夏民族传统的宇宙观、美学观和民俗观。汉语的数字文化现象，有时犹如霁月彩虹，有时却又扑朔迷离，引人探奇。汉语的数字文化现象是个大题目，可以写成大部头的著作。

对于汉语数字的美，邢先生曾有过论述。在《汉语之美》一文中，他引用并分析了刘绍棠《大河小镇》中的一个转折复句：

(52) 鼻子下有嘴，逢人便问路；但是三拐四弯，五盘六绕，七出八进，九曲十环，我就像进入诸葛亮的八阵图，没有黄承彦指识迷津便找不到出路。(《钟山》1985 年第 2 期第 21 页)

邢先生说：这个句子，开头两个小句都是五个字，“但是”后面四个小句都是四个字，再接着才出现两个数字不等的小句。语句既匀整又有变化，令人爱读；特别是句子中连续使用“三”和“四”，“五”和“六”，“七”和“八”，“九”和“十”，最后还来个“八阵图”，把弄得晕头转向的情景描述得活灵活现，使人感到了汉语数目字的美和奇。

邢先生在《汉语之美》中还认为：汉语数字的运用往往还反映出我们华夏民族的民俗民情。

如，给一位八十八岁的老人做寿，叫“米寿”。因为“八十八”三字组成了一个“米”字。又如，给一位九十九岁的老人做寿，叫“白寿”。因为一百缺一是九十九，而“百”字缺“一”即为“白”。

又如，人们常常用“二百五”来比喻不明事理、办事没准的人。这有多种说法，一种说法恐怕跟儒家重农抑商、重义轻利的传统思想有关：旧时银子五百两为一封，二百五十两为半封，谐音“半疯”，遂把办蠢事的人比作不够数的“半疯”“二百五”，颇具京派含蓄、冷峭的特色。

邢先生在《序〈数里乾坤〉》一文中说：汉语的数字充分表现了民族精魂和泥土气息。中国人的审美心理追求十全十美，视“十”为完整、圆满、吉祥的象征，这形成了民族性格的一个重要组成部分。我国古代十进位制的发明和运用，在一定意义上是华夏民族崇“十”的一个重要源头。汉语中偶数几乎皆含褒义，示吉兆。我国古代阴阳交合化生万物的宇宙观及辩证法思想，是以“二”为树立基础并借助“双”“对”形成了以对称为美的东方美学标准的，千百年来它渗透于一切华夏文化中。简单的数字却勾勒出了华夏民族的精神和风貌。凡是反映民族精魂的东西，必然带有浓重的泥土气息。

同时，邢先生指出：世界各民族都有自己的数文化，并各有特色。倘若把语言看作体认文化的第一块敲门砖，那么，对中外语言的数字符号从文化角度作比较研究，应是以介绍、传播中华文化为目标的世界汉语教学中不可忽视的一环。

在序尾，邢先生对数字文化的研究表达了个人的期望：在他看来，《数里乾坤》代表的是数文化研究中一个醒目的句号，其意义，既涵容在这部专著本身，更表现在它将能引发更多的句号，将能引出更多识得“数文化八阵图”的黄承彦！作为语言研究工作者，数里乾坤复杂奥妙，数字文化现象有时犹如霁月彩虹，有时却又是那么神秘迷离，要对这样那样的语言事实一一作出清楚的解释，绝非易事，需要狠下苦功，需要众多的学者去坚持不懈地努力。

第四节　结　语

关于数字文化的研究，邢先生在《中国语言学要有一颗中国心——邢福义访谈录》中谈到，不要搞面面俱到的浅尝辄止式的研究，而应该多思多问，通过一个个实例的剖析，来提高认识的深度。如，“百般无奈”“千般无奈”“万般无奈”都能说，意思相同，并不意味着“万般无奈”多于“千般无奈”，“千般无奈”多于“百般无奈”，但不能说“十般无奈”。另外，要看所说的数量跟客观事物的联系是否合理。人们常用“十年寒窗”比喻长期苦读，“十年”显然不是定数，并非整整十年、不多不少，但不能说成“百年寒窗”，这远离事实，更不能说成“千年寒窗”“万年寒窗”。又如“百年之好”，指男女结为夫妻，永远好合；若说“十年之好”，定会挨骂；若说“千年之好”，又过分得缺乏真诚了。

在沈阳教授主编的《语言学常识十五讲》一书中，也有关于数字文化研究的成果。如，除了一般的文字和词语包含着丰富的文化线索和信息，语言中有些特殊的成分如数字也具有深刻的文化含义。汉语中几乎每个数字都有特定的内涵，数字文化博大精深。如，关于数字“一”，“一”被汉民族认为是万物之祖，万事之源。老子就说：“道生一，一生二，二生三，三生万物。”有人认为中国传统观念的核心就是天人合一。关于数字“二”，“二”是汉民族心理中尊崇的偶数之首。“二”不但涉及“一分为二”“合二而一”的辩证思想，也反映到日常生活的方方面面，如文学形式中的对偶和对仗，建筑工艺中的对称和均衡。关于数字“三”和“六”，“三”和“六”都具有神秘色彩。汉民族先哲认为宇宙乾坤共有三维，即“天地人”和“日月星”。日常生活中也往往以“三”为法度，如“三军”“三教”“三纲”等。此外人有“六欲”“六神”，家人有“六亲”，学有“六艺”，佛家讲“六根”等。关于数字“七”，“七”一直被汉民族尊崇为神圣的数字。《周易》《庄子》都提到世界是经过七天创造出来的，这与西方《圣经》故事中上帝七天创造万事万物的说法似不谋而合。“九”自古至今都表示最大的基数，因此像“九族”“九天揽月”“九州方圆”“九霄云外”“一言九鼎”“九死一生”等说法都是极言数量之大。“九”的倍数也往往是表示极大的量。比如，“十八层地狱”“十八般武艺”“女大十八变”“三十六计”“三十六行”“七十二变”“八十一难”无不如此。再如数字“十”，中国人审美心理追求十全十美，视“十”为完整、圆满、吉祥的象征，凡事偏爱以十为标准数量，动不动就是“十大”“十佳”。甲骨文就有了十进位制（逢十进一）的计数方式，这远比世界上其他古代文字中的计数方式科学，这大概也是华夏民族崇尚“十”的一个源头。

数字文化博大精深，深奥莫测。邢先生凭借深厚的语言学功底、娴熟的文字把控能力，深入观察数字“四”“八”的语言事实，深入挖掘数字“四”“八”的文化内涵，并对数字“四”“八”做层层深入的文化解读，使数字“四”“八”的文化内涵得以生活化、日常化、具体化地阐释。

数字文化与中华民族传统文化紧密相连，血脉与共。由数字文化的民族性，笔者想到了民歌文化。邢先生在《何人不起故园情》一文中列举了一首他的家乡海南黄流男女对唱的民歌：“求得哥愿侬也愿，定定做成线与针。哥且做针侬做线，针过千层线都跟。”邢先生说：这首来自日常生活的民歌中的贴切比喻，发自少女内心的细腻柔情，出自纯朴农村姑娘之口的生死相随之誓言，用黄流闽方言表达的言辞和乡音，让他拍案叫绝。如果说，童年时代他只是跟着哼，少年时代他只会听着乐，那么，老来他终于能够欣赏其内容，联想其歌声，品味其真善美，从而进入黄流民歌的美学境界。邢先生惊叹于他家乡民歌的丰富：从内容上说，历史地理、风光风情、做人做事、家庭婚姻、生活恋爱、神话传说、天上地下、陆地大海，无所不包；从体裁上说，号子歌、叫卖调、拉大调、哼小调、柔情调、嗟叹调，品种繁多；从曲体上说，一段体、二段体、三段体、多段体，随用应变；从演唱上说，独唱也好，对唱也好，不仅讲究姿势、气息、咬字与吐字，而且风格各异，无论是劳动号子演唱、叫卖调演唱、柔情调演唱、嗟叹调演唱，抑或是拉大调演唱、哼小调演唱，都表现出各自的特色。邢先生认为，民歌文化综合了人类学、社会学、史学、民俗学、文化学、语言学、艺术学、美学等方面的学问。

说到语言的地域性，邢先生在《语言表达的地域民俗性》一文中指出：汉语的使用由于历史地理诸方面的原因出现了地域性分歧。中国和新加坡，中国大陆和香港、澳门与台湾，都具有各自的一些特点。这反映出深刻的人文背景，不能简单化地归结为规范或不规范，更不能粗暴地用对或错来判定。正确的态度应该为：第一，对于具有地域民俗性的语言表达，必须尊重。如，新加坡的“搭客”“一个口”也好，“有找到”“很少行人”也好，都不仅不能判定为错，而且应该尊重。因为这些说法是在特定地域中得到了社会认同的。第二，对于具有地域民俗性的语言表达，要强调相互沟通。不管是中国香港、澳门、台湾的中小学课本，还是新加坡的中小学课本，都有必要重视表述沟通的工作。如“姑娘”一词，情况之复杂，令人惊异，在不同的地域可以指称不同的对象，如可以指称年轻女子、女儿、姑母、丈夫的姐妹等。总之，语言运用有时有极强的人文性，往往在某个侧面或在某种程度上反映出民俗民情的特点。要准确地使用语言和准确地评判语言的使用，就不能不重视语言的人文性，不能不重视不同地域之间语言运用的相互沟通。以沟通作为前提条件，从发展上看，随着人际交往的频率和语言碰撞的增加，地域性因素就会出现优存劣汰的局面，同义异形现象会趋向减少。在民俗文化中，语言也起到了非常重要的作用。

说到民俗文化，自然离不开俗语的研究。邢先生在《一本描写武汉俗语的好书》一文中，主要评介了朱建颂先生的《武汉俗语纵横谈》一书。邢先生认为，《武汉俗语纵横谈》这本书可以从语汇层面看到武汉俗语的面貌。该书既包括本地的谚语、歇后语等熟语，又包括本地的某些俚语。熟语之中多数是本地独有的，少数是各地都有而本地特别流行的。如，“猫猫鞋”“嘀咚滴咚，拿钱来送”“无事莫打江边走”“站的菩萨站一生，坐的菩萨坐一生”。

同时，通过《武汉俗语纵横谈》这本书还可以从文化层面了解武汉的风俗民情。该书着力于挖掘武汉本地一些俗语、俚语的文化内涵，对一些权威性解释有所补正。

比如“打夹帐”，《汉语大词典》释为“经手人从中索取好处费”，《古今谭概》释为“凡交易事，居间者索私增”，均与武汉旧俗不合，而“浮报账目从中赚钱”才符合实际，才能正确反映当时的社会风气。

又如，“河里无鱼虾也贵”，《中国俗语》释为“比喻没有杰出的，次一等的就显得宝贵”，而武汉旧日特用于没有男孩子的家庭把女孩子当宝贝，反映出当时的世俗心理。

该书还着力于从方言间的差异看武汉文化的特色。比如，武汉的“人要忠心，火要空心”，尽管跟异地的“人心要公，火心要空”相比略缺乏文采，跟异地的“人要公，火要空”相比不够简练，但是，武汉的说法却通俗易懂。

再如，武汉的“不端你的碗，不服你的管”，这是从反面着眼，跟异地从正面着眼的“端人家的碗，就服人家的管”有所不同。相比之下，异地是客观描述而显得无可奈何，武汉是主观抒情而显得舒展自在。

又如，该书还着力于考察武汉熟语对传统熟语的改造。武汉有部分熟语是由传统熟语改造而来的，反映了武汉人对事物的认知状况和想象力。比如，心不在焉——心不在肝上，鼠目寸光——老鼠的眼睛一寸光，一渊不两蛟——一个笼里关不了两个叫鸡公。

在做民俗文化研究时，必定涉及对方言口语的考察。邢先生在《普通话语法、词汇和语音测试问题的探讨》一文中，以两位作家的三部作品，即孙健忠的《醉乡》和公刘的《陆沉的森林》《先有蛋，后有鸡》为方口说法的实例，对方口说法和普通话标准说法进行了语法和词汇的详细比较。

在语法方面，邢先生认为方口说法和普通话标准说法主要表现出五个方面的不同：

第一，语段构造问题。如，“越多人看，她们打得越起劲。我们都走，做自己功夫去”。这例中：越多人看→看的人越多。

第二，词序问题。如，“‘哈哈哈，贵二哥，’大狗笑着说，‘你不错得很，你是这个，这个……’他伸出双手，竖起两个粗粗的大拇指”。这例中：不错得很→很不错。

第三，搭配问题。如，“‘这件事很麻烦，你要多多帮忙我啊！’‘放心吧，我会帮忙你的’”。这例中：帮忙我→帮我的忙，帮忙你→帮你的忙。

第四，词性问题。如，“大叔，你莫紧记着前些年的事，胸襟要开阔些，要看到现在，看到今后”。这例中：紧→老（总），“老（总）”是副词，“紧”即使用作状语，也还是形容词（紧跟→紧紧地跟着，跟得很紧）。

第五，助词或类助词的运用问题。如，“天九哥，依得我说，这个客合做一次请算了”。这例中：依得我说→依我说。

对于语法错误的问题，邢先生认为所谓语法错误实际上有两种情况：一种是说错非错，即某种说法并不错，但被认为有错。如，“如果她承袭了这笔财产，即使是合法的，但也不光彩”。这例中，“即使……也……”中加上“但、可、却”之类转折词的说法，常被认为是错误的说法。然而，这种说法已具有习用性，表达上也有一定的作用，当作语法错误来处理是不恰当的。另一种是确实有错，即某种说法确实存在语法错误。如，“有一天，他商量着三婶：‘妈，我实在馋了，把罐子里的咸鸭蛋给我煮一个吃啊！’”这例中，“商量着”如果带宾语，必须是指事情的对象宾语，“三婶”尽管可以认为是商量问题的对象，但不是指事情，不符合作为“商量着”的宾语的条件。

在词汇方面，邢先生认为，方口说法和普通话标准说法主要表现出两大方面的不同。

第一，从构成词汇单位的语素看，方口说法和普通话说法的不同包括两种情况。一种是语素部分相同。有的是实素有同有异，如，“现在不崭劲，明年又从哪里来饱饭吃呢?”“崭劲”有鼓劲、加劲的意思。有的是实素同而虚素异，如，“我家小三长疤拉，我带他去医院看看”。“疤拉”就是疤子。有的是方口说法多了一个实素或虚素，如，“你们都这么大了，也到了成家立业的时候了，等冬时天，阿爸拖个媒，四路为你们寻访寻访……”“冬时天”就是冬天，这个方口说法多了一个实素“时”。另一种是语素完全不同。有的词面不太冷僻，如，“怕甚呢！……说出来只有天知，地知，你知，我知……欢欢地说吧!”“欢欢”就是痛痛快快。这里的方口说法和普通话说法语素完全不同，但由于词面不冷僻，基本意思还是可以听懂。有的词面则很冷僻，如，“据说，这一男一女侍弄着几亩山荒，今年养种，明年尔转，主要指望替县药材公司‘生产’一些党参、黄芪、远志之类”。“尔转”就是丢掉的意思。这里方口说法的语素和普通话说法完全不同，由于词面冷僻，必须加上注释才能懂。

第二，亲属称谓或事物名称，方言说法和普通话说法往往有很大的不同。如，“（大娘）问道：‘甚会儿走哇?’女儿……答应她说：‘我大说，算下来要过了我的十二岁生日。’”“大”就是爸爸。又如，“……若不把一年冬春的阳春做出来，明年吃什么呀?”“阳春”就是农活。

另外，还要分清生造词和仿造词的区别。如，“春风吹拂，阳光明媚，处处流光喷射，一片辉煌!”这例中的“流光”就是生造词，意义不明确，不为交际所需要，必须从词汇中消除掉。又如，“就这样，英语由他的特短，变成了特长……”“我再也不想演交际花、交际草了”。这两例中的“特短”是由“特长”仿造而成的，显得幽默；“交际草”是由“交际花”仿造而成的，能更好地表达说话人的厌烦情绪。

运用语言是为了进行交际。提高交际的效益，这是运用语言的基本要求。因此，所说的话和所写的文章或文件首先必须能懂，其次必须能用最简约的语句来传达最多的信息量。

邢先生认为，为了加强语言运用的交际性，采用大家都懂的普通话说法无疑具有十分重大的意义。但由于某种特殊的需要，有时也可以采用某些方口说法，关键在于“自觉”二字。比如，文学作品中，为了表现人物的地方特点和言语特点，适当采用某些方口说法不仅是可以的，而且是必要的。即使是确实有错的语句，如果是为了表明人物在言语方面的可笑特点，有时也可以特意采用。当然，采用方口说法要看场合，不能太滥，难懂的要加注释；至于有语法错误的句子，如果不是作者为了刻画人物的需要而有意采用的，必须绝对排斥。

研究数字文化、民歌文化和民俗文化，都是旨在挖掘中华民族富有深深泥土气息的民族文化。通过民族文化，来唤起全民族乃至全球华人的民族认知和民族认同感；通过民族文化，来激发千百年来积淀在全民族乃至全球华人心底的最深厚的爱国之情。

邢先生在汉语语法研究上学术立场坚定，一贯坚持“研究植根于汉语泥土，理论生发于汉语事实”。他总说，中国是汉语的故土，是汉语的发源地，是汉语的摇篮，是汉语生生不息的命脉。研究汉语必须双脚牢牢地站在中国的泥土里，中国汉语的研究必须深深地扎根于中国土壤。

2012 年 5 月 13 日，邢先生为《寻根》杂志题词：“中国语言研究，应该旗帜鲜明，面向世界，面向时代需求；根在中国，根在民族在土壤。”

第七章 “来”字的事实终判

“来”字概数结构，指“十来（个）、三十来（碗）”之类表示概数的结构。在解释概数助词“来”的时候，《现代汉语词典》的说法是“来”用在数词或数量词后面表示概数。《现代汉语规范词典》的说法是“来”用在数词或数量词后面表示概数，通常略小于那个数目。

这样的表述引发了两个方面的问题，需要辨察：一是构造形式上，“来”字概数结构被断定为“数词或数量词＋来”。这就是说，“来”的前面，或者是数词，或者是数量词。这样的描述没有问题，然而过于宽泛，不够精确。二是语义蕴涵上，对于本数来说，“来”是表示略多，还是表示略少，抑或是表示左右？

邢先生从国学的视角，对概数“来”进行了深入研究，写了《“十来年”义辨》一文，发表在2010年6月21日《光明日报》（国学版）上。限于篇幅，许多问题邢先生没有展开说。后来，经过进一步整理思路，追踪研究，邢先生把问题说得更清楚、更详细，写了《事实终判：“来”字概数结构形义辨证》一文，发表在《语言研究》上，也是对《语言研究》创刊三十周年的纪念。本章以详细版为评说对象。

第一节 “来”字语形结构的现象调研

邢先生通过对概数“来”字语形结构的追踪考察得出结论：“来”字概数结构中，“来”字直接用在段位数词或者度量衡单位量词的后面，前面常常出现个位数词。词典中，为了解释得简洁明了，起码要加上“某些”，即表示概数的“来”，可以加在某些数词或数量词后面，形成概数结构。

一、“来”字前数词的追踪

数词可以分为个位数词和段位数词。前者包括“一”“二”“三”“四”“五”“六”“七”“八”“九”等，后者包括作为十进法单位的“十”“百”“千”“万”等。概数“来”字前可以出现数词，那么，“来”字前的数词是什么样的数词呢？

邢先生进行了一番追踪考察，得出：概数助词“来”前的数词，要么是一个段位数词，如“十来”“百来”“千来”“万来”；要么是复合的“个位数词＋段位数词”，如“二十来”“三百来”“四千来”“五万来”。个位数词是绝对不能直接出现在概数助词“来”的前面的。“一来”“二来”“三来”之类能说，但这里的“来”不是概数助词，而是序数助词。另外还有一些比较特殊的数词，比如“零”“半（半个苹果）”“双（双份工资）”“几”“许多”等，都不能出现在概数助词“来”的前面。

可见，概数“来”字左边第一数词一定是段位数词，在段位数词前，可以出现个位数词，也可以不出现个位数词。具体形式可以描写为以下两种形式。

一种是“个位数词＋段位数词＋来”的语例，如：

(1) 回来一试，由于封闭不严，四处漏渣，一连榨了二千来斤大豆，没见油星。(《人民日报》1986 年 2 月 27 日)

(2) 各种种植、养殖和加工方面的专业户、专业工，全区一共有 1 万来个。(《人民日报》1982 年 3 月 2 日)

(3) 可以把每年直接用作燃料烧掉的两亿来吨秸秆中的一部分或者大部分，经过处理提高其营养价值，先作为牲畜的饲料，再用牲畜的粪便制造沼气，然后用沼气渣来肥田，其肥效比厩肥还好。(《人民日报》1981 年 6 月 11 日)

另一种是“＋段位数词＋来”的语例，如：

(4) 这一石破天惊的举动，把个千来号人的莲井村闹了个沸沸扬扬。(《人民日报》1988 年 10 月 11 日)

(5) 消费税调整后，差的那万来块钱是一笔不小的数目。(《人民日报》2006 年 3 月 27 日)

二、“来”字前数量词的追踪

数量词是由数词和量词组合而成的结构。量词是表示计量单位的词。量词系统中，有单音量词、复音量词和准量词。单音量词包括惯用物量词、惯用动量词、度量衡量词；复音量词是包含两个或几个音节的量词，如“嘟噜”“疙瘩”“架次”“公斤”“部集”等；准量词是用来计量的词，跟名词有纠葛，如时间性的“年”“天”“夜”等和区域性的“省”“县”“市”等。

在众多的数量词前，什么样的数量词能出现在概数“来”字前呢？邢先生经过追踪考察得出结论：(1) 只有一类单音数量词可以出现在“来”字的前面，这就是由度量衡单位构成的数量词，即“数词＋度量衡单位＋来”。度量衡是“尺”“寸”“丈”“斤”“里”“亩”“厘”。(2) 偶尔也用复音量词“公斤”。(3) 有时还借用某个名词来作为度量衡单位，如“人”“盆”“碗”“碗口”等。

一种是“数词＋度量衡单位＋来”的语例，如：

(6) 门前挂着一块红漆剥落的三尺来长的木牌，上面写着“中华全国文艺协会”，是于右任先生的手笔。(《人民日报》1985 年 3 月 6 日)

(7) 慌张间，头撞到门框上，撞了个二寸来长的口子。(《人民日报》1986 年 11 月 10 日)

(8) 这原是个井式斜洞，大约一丈来深。(《人民日报》1981 年 12 月 28 日)

(9) 归鸟的个体约摸有半斤来重，每巢栖身一对成年鸟……(《人民日报》1999 年 2 月 7 日)

(10) 走到离张村四里来地的地方，这一带地势很洼，高粱茂盛……(雪克《战斗的青春》)

(11) 人均一亩来地，不管你怎样反复挖刨，又能刨出多少效益来？(《人民日报》1999 年 6 月 17 日)

(12) 一年中，左腿萎缩 2 厘来。(《人民日报》1993 年 1 月 3 日)

一种是“数词＋公斤＋来”的语例，如：

(13) 刚上学，就开设了语文、数学、政治、美术、音乐等五六种学科，背的书包足有 2 公斤来重。(《人民日报》1993 年 1 月 13 日)

还有一种是“数词＋名词＋来”的语例，如：

(14) 说着，我们走进咖啡园，咖啡苗长得有一人来高。(《人民日报》1987 年 3 月 5 日)

(15) 路边一朵深红色的鲜花正自盛放，直有碗口来大……(金庸《神雕侠侣》第 32 回)

三、“来”字前数词与数量词的深入比较

概数“来”字前是数词的现象，叫作典型的“来”字概数结构。邢先生对典型的“来”字概数结构和使用度量衡单位的“来”字概数结构进行了比较追踪，最终得出结论：二者有同有异。

相同之处在于：在数量组合的形式上，二者前面都可以出现不同的个位

数词。

1. 以度量衡单位“尺”为例，在“尺”前，可以出现“半”“一”“二”“三”“四”“五”“六”，有时，个位数词的位置上也采用零形式，隐含意义为“一”，如：

(16) 忽然，在脚下的枯叶中，他们见到了几片半尺来长的落叶……（《人民日报》1981年7月18日）

(17) 这棵枣树是1964年从山坡上挖来移栽的，当时只有一尺来高。（《人民日报》1981年7月26日）

(18) 那大剪刀张开来时，剪刃之间相距二尺来长……（金庸《神雕侠侣》第17回）

(19) 地下积雪不到一尺，那断杵却有三尺来长，反给他一插灭迹，神功实是惊人。（金庸《神雕侠侣》第34回）

(20) 另一个包裹四尺来长，却是包着两柄长剑。（金庸《神雕侠侣》第8回）

(21) 杨过微笑不语，又折下了两根五尺来长的树干，递给郭襄……（金庸《神雕侠侣》第34回）

(22) 这人两足折断，肋下撑着一对六尺来长的拐杖……（金庸《神雕侠侣》第35回）

(23) 拿着一枝尺来长的雪白人参，宛然是个成形的小儿模样……（金庸《神雕侠侣》第35回）

2. 以典型的“来”字概数结构为例，“来”字前一定是要出现段位数词的，如“十来”“百来”“千来”“万来”，有时，段位数词前的个位数词可以出现，也可以不出现，如“二十来”“三百来”“四千来”“五万来”等。

相异之处在于：二者在“X来”后出现的词类不同。

1. 使用度量衡表数单位的“X来”，后面却不能出现普通量词或准量词，而是出现形容词或名词。大多数情况下，后面出现度量性形容词。所出现的形容词跟度量衡单位所关联的度量有关，比如“尺”可以关联到“长”“高”“宽”“厚”，“丈”可以关联到“远”，“斤”可以关联到“重”。跟度量衡单位“亩”“里”相关的事物，后面出现的名词可以是“地”“路”，如：

(24) 那里一尺来长的火苗子，从密闭上边两侧嗤嗤地往外窜。（《人民日报》1981年1月14日）

(25) 这棵枣树是1964年从山坡上挖来移栽的，当时只有一尺来高。（《人民日报》1981年7月26日）

(26) 从篱门通向楼房的小路上铺着水泥方砖，连那半尺来宽的间距中也挤满茸茸嫩草。(《人民日报》1982 年 2 月 28 日)

(27) 县汽车站的售票窗前，垫上一块尺来厚的砖头。(《人民日报》1983 年 7 月 20 日)

(28) 她们俩隔着丈来远交谈。(张爱玲《金锁记》)

(29) 2 斤来重的黑鲈鱼翻扑挣扎……(《人民日报》1982 年 12 月 26 日)

(30) 听见喜鹊叫，一抬头，才发觉已经走出五里来地，来到永安村头。(《人民日报》1981 年 9 月 12 日)

(31) 两里来路，人家起码要走一刻钟，他 10 分钟就走到了。(《人民日报》1991 年 5 月 16 日)

“X 来”后也有不出现形容词的情况，但可以认为隐含了一个形容词。如“左腿萎缩 2 厘来”，可以认为是左腿萎缩了 2 厘来宽/大；又如“人盘同时悬空，高度达 5 厘来”，可以认为是人盘同时悬空且达 5 厘来高。

2. 典型的“来”字概数结构，后面可以出现普通量词或准量词“个”“本”“年”“岁”之类，如，可以说“十来个”“百来本”“千来年”“万来岁”等。

关联之处在于：段位数词和度量衡单位存在相通之处，都表示约摸估计累积起来的一定的量。

邢先生在文中说，“来”字概数结构的形成受到严格的组造机制的规约。一般的数量词是不能带上“来”构成概数结构的。那么，为什么度量衡量词可以进入这一结构中段位数词的位置呢？

观察可知：段位数词和度量衡单位存在相通之处。“十”“百”“千”“万”等段位数词，有接近于量词的地方；度量衡量词，有接近于段位数词的地方。比如，“十来万”和“十来里”，“里”固然是量词，“万”也用作了量词；“三万来（人）”和“三里来（路）”，“万”固然有表示某个定数的内涵，“里”也有表示某个定数的内涵。

第二节　“来”字语里含义的调查核实

“来”字概数结构，对于本数来说，“来”是表示略多，还是表示略少，抑或是表示左右，学界意见分歧严重。如，《现代汉语规范词典》认为“通常略小于那个数目”。有文章介绍姚德怀先生的理解是“来”同整数词连用，表示超过该数的约数[①]。吕叔湘先生早在1967年所写的《数量词后的来、多、半》一文中，便认为“来”表示左右。吕先生解释道：“十来个”是说从八九个到十一二个，“五十来个”是说从四十八九个到五十一二个[②]。

邢先生对《人民日报》（1981—2006）进行了全面搜索，经分析，得出以下四点结论。

结论一：无法确认。

大多数用例，“见仁见智”，不同的人可能有不同的理解，如：

（32）几个十来岁的孩子，一路上……说说笑笑，争争讲讲，路也就走完了。（《人民日报》1981年3月6日）

（33）几分钟后，我们的后面便突然出现百来名便衣警察。（《人民日报》2002年6月28日）

结论二：略少于本数。

能够找到判定的依据，可以确认为略少，但极为罕见，如：

（34）恰恰这十来年间，林业生产也进入了较快的发展时期：1978年至1986年，内蒙古造林保存面积超过了十一届三中全会前28年的总和。（《人民日报》1995年4月24日）

结论三：略多于本数。

能够找到判定的依据，可以确认为略多。跟表示略少的数量相比较，表示略多的相当多，占压倒性优势。此类型中又包括四种情况。

一是，“X来”的结构组织模式首先是数字递增模式，其次是特定语境中加“这”指代模式，如：

（35）“先尽着群众”没错儿，可升级不光是长八九十来块钱的事，它还意味着对一个人的评定！（《人民日报》1985年5月4日）

（36）王熙凤在夸宝玉屋里丫头小红嘴巧时，顺便埋怨自己一些佣人嘴笨：“他们必定把一句话拉长了，作两三截儿，咬文嚼字，拿着腔儿，哼哼唧唧的，急得我冒火……”都是家常话儿，却中了写文章的一大弊。这二十来个字可以理解为思路不清，废话太多。（《人民日报》1986年8月25日）

二是，同一作者笔下“X来”和“X余”的词面换用，如：

---

① 王改改：《概数词“来”的语义调查和研究》，《汉语学习》2001年第6期，第46页。

② 吕叔湘：《数量词后的来、多、半》，《吕叔湘全集》第2卷，辽宁教育出版社2002年版，第203页。

(37) 杨过在雪光掩映下瞧得分明，只见鸡身上咬满了百来条七八寸长的大蜈蚣，红黑相间，花纹斑斓，都在蠕蠕而动。(金庸《神雕侠侣》第10回)

(38) 二人你抢我夺，把百余条大蜈蚣吃得干干净净。(金庸《神雕侠侣》第10回)

三是，公认的客观事物的常理，如：

(39) 他说，这就是“吸毒、犯罪、十来岁的少女怀孕、甚至是经济问题的原因”。(《人民日报》1989年7月22日)

(40) 家养了二十来只鸡，现在正是旺季，一天二十多个蛋，十天半月就是三四百！(《人民日报》1981年12月28日)

四是，客观事实的核对查实，如：

(41) 和尚笑了，说，以前我也那样侍候她们，“文化大革命”十来年，顾不得她们了，她们在风雪里冻着过冬，冻惯了也就没事了！(《人民日报》1981年2月28日)

(42) 遵义会议确立了毛泽东同志的领导地位以后，特别是党的“七大”前后到“八大”这十来年，是最令人怀念的时期。(《人民日报》1981年6月30日)

结论四：本数左右。

能够找到判定的依据，可以确认为左右。跟表示略少的数量相比较，表示左右的也占明显优势。此类型中又包括两种情况。

一是，“X来”中X本身是个概数，而不是定数，如：

(43) 这百十来字的短文，发生了很大的影响。(《人民日报》1982年3月3日)

(44) 仔细考来，这里的泉子也不下百十来眼，可以称为泉乡。(《人民日报》1983年10月4日)

(45) 这儿土地肥沃、水草丰美，然而小麦的单产并不高，只有百十来斤。(《人民日报》1985年6月6日)

二是，“X来”同客观事实的不容置疑的联系，如：

(46) 周恩来同志写下“大江歌罢掉头东”和《雨中岚山》壮丽诗篇时，不过二十来岁。(《人民日报》1984年9月24日)

(47) 近十来年发展中国家人才外流十分严重，六十年代末到七十年代末，美国、加拿大等迁入23万移民，吸收了欠发达国家四分之三的专业人才。(《人民日报》1982年8月24日)

通过以上四点结论，邢先生得出，现代汉语里“来”字概数结构的含义存在两种情况：第一，无法确认，可能见仁见智；第二，可以认定，但不会一边倒。如果用“>”号表示多于，那就可以列出如下两个顺序：

[顺序 A] 总体情况：无法确认的>可以确认的。

[顺序 B] 可认定的：略多于本数>本数左右>略少于本数。

从顺序 B 及其对顺序 A 的反照来看，人们的语用心理可能更倾向于略多。

然而，邢先生认为：无论如何，概数结构“X 来”在含义上既可以是可左可右，又可以是或左或右，还可以是既左又右。语法规则的归纳应该能够统摄全貌。因此，将其含义归总起来概括为左右，是最能准确反映语言运用的客观实际的。

第三节 “来”字形义辩证的追踪考证

一般认为，概数说法“X 来”出现于晚唐五代。那么，晚唐五代以来的作品，包括近代白话作品，使用情况如何？邢先生进行了一番追踪，发现典型概数助词“来”也是表示左右。

一、对江蓝生先生《概数词“来”的历史考察》的追踪

邢先生在文中说道：江先生的《概数词“来”的历史考察》是一篇重要论文。该文把表示概数意义“以来”“来”分别记做“以来 2”“来 2”。文中写道：我们推想，“以来 2”最初的意义只是表明一个数量的范围，即不超过某数（等于某数或比某数略少）……“以来 2”可以表示略多应是比较晚近的事情。文中又写道：太田先生《中国语历史文法》和孙德宣先生《语词琐记》认为早期的“以来 2”表示略多。江蓝生认为这种意见尚缺乏必要的论证。

邢先生得出：学者们讨论“X 来”都会跟“X 以来（已来）”联系起来，但有人认为早期就表示略多，有人认为早期就表示略少。

二、对孙德宣先生《语词琐记》的追踪

邢先生通过考察得出：孙德宣先生的文章中没有列举“X 来”的用例。

三、对太田先生《中国语历史文法》的追踪

邢先生通过考察得出：太田辰夫先生的书中是把“X 以来/已来”和

“X来”联系起来作了解说和比较的。

第一，太田辰夫说：“来”是和古代汉语的“许”“所”相当的，但也可以认为是“以来”的省略。“以来”在古代汉语中是指某时之后的词，但后来还能表示数量，成为多的意思。又写作同音的“已来”，如：

(48) 即提一瓶水，可受二升已来。(《仙传拾遗》，《广记》74引)

(49) 擎一大钵，可受二升已来。(《游仙窟》)

(50) 约长三寸已来。(《乾䐁子》，《广记》343引)

(51) 可直五千已来。(《朝野佥载》5)

(52) 年五十已来。(《录异记》，《广记》433引)

第二，太田辰夫说：“已来”的例子唐五代很多，却看不到用在数词和量词(或者名词)中间的例子。但是“来”能放在数词和量词(或者名词)中间，和现代汉语的用法一样。“来”不一定是指多，而可能是表示约数，意义略有不同。这一点还有探讨的必要，或许可以认为这是省略“以”，意义虚化的结果。和现代汉语相同的“来”从五代开始可以看到，如：

(53) 师令八百来人到洪州。(《祖堂集》16)

(54) 这里有三百来众。(《祖堂集》18)

(55) 三十来年。(《祖堂集》19)

第三，太田辰夫先生把用在度量衡单位后边的助词“来”叫作后助名词“来”。他写道：后助名词“来”是从后助数词“来”转化而来的。后助数词在唐代已经有了，它变为后助名词是在宋代。但因为它的来源是后助数词，所以即使在作为后助名词，和名词一起构成修饰语时，也限于修饰含有数的概念的形容词即大、小、长、短、远、近、重、轻等。如，“西湖瘦得盆来大”中的“盆”就是借用的度量衡单位。

四、邢先生追踪考证后得出的个人观点

通过对三位学者论文观点的追踪考察，邢先生产生了质疑：三位学者讨论“X来”都跟“X以来(已来)”联系起来，但有人认为早期就表示略多，有人认为早期就表示略少。那么，概数助词“X来”与“X以来(已来)”到底有何联系呢？概数助词“X来”，其含义是否能在“略多”和“略少”中择一？“X来”有没有可能一开始就表示左右？

通过对以上三个问题的追踪思考，邢先生认为：

第一，根据太田先生的论说，“X来”与“X以来(已来)”是有联系的。“来”也许是省略了“以”的结果。“也许”是个有所保留的词。同时，

“X来”与“X以来（已来）”又是有区别的。“以来/已来”有“多”的意思，而“来”不一定是指“多”，似乎是表示约数，意义略有不同。“已来”的例子唐五代很多，却看不到用在数词和量词（或者名词）中间的例子。但是“来”能放在数词和量词（或者名词）中间，和现代汉语的用法一样。

第二，通过深入发掘语言事实，可知有些例子由于能够找到判定的依据，可以确认其偏多或偏少。但无论作出偏向哪一边的结论，都会受到反例的质疑，如倾向于略少：

(56) 人生天地两仪间。且住百来年。（韦骧《木兰花慢》）

又如倾向于略多：

(57) 紫玉和尚嗣马大师，在襄阳。师讳道通。未睹实录，不决生缘。襄阳廉师于迪相公，处分界内，凡有行脚僧捉送，无有一僧得命便杀。如是得无数。师闻此消息，欲得去相公处，众中觅人随师。近有十来人，师领十人。恰到界首，十人怕，不敢进。师犹自入界内。（《祖堂集》卷第十四）

可见，偏多说和偏少说都统括不了所有的语言事实，都会顾此失彼。

第三，“X来”表示左右义，可能在晚唐五代就已经有了。“X来”要一开始就表示左右义，前提是“X”本身表示概数。通过对“X来”中“X”是概数情况的追踪，发现：

(58) 玉走金飞两曜忙，始闻花发又秋霜。徒夸篯寿千来岁，也是云中一电光。一电光，何太疾，百年都来三万日。其间寒暑互煎熬，不觉童颜暗中失。……（吕岩《寄白龙洞刘道人》）

(59) 天上一朝元五日，人间小住亦千年。（刘辰翁《双调·寿谢寿朋》）

“（亦）千年”可说成“千来年”。“千来岁”“千来年”中“千”是概数。琢磨诸如此类的事实可知“左右”义可能在晚唐五代就已经有了。

明代作品中可以见到“千百来”“百十来”的说法，如：

(60) 一个银人，约重有千百来斤。（《二刻拍案惊奇》卷36）

(61) 这集上有百十来人家，都是务农为业。（《儒林外史》第2回）

(62) 筝上套数小唱，也会百十来套。（《金瓶梅》第61回）

这些概数词并不是在现代汉语里才形成的。邢先生提出，也许可以这样设想：“十来年”之类概数说法表示左右，从总体上说，是伴随着典型概数助词“来”的形成而开始的。

另外，邢先生指出，太田先生所举的“西湖瘦得盆来大”中的“盆”就是借用的度量衡单位，其观察之细致值得肯定。但也有应该纠正的地方：这类说法所修饰的形容词是强态义的“大”“长”“远”“重”等，而不是弱态义的“小”“短”“近”“轻”等。

五、对“十来年”和“十年来”中“来”的比较追踪

从语素看，“十来年”和“十年来”这两个短语包含的语素相同，都是三个相同的语素“十”“来”“年”，并且在三个语素的排列顺序上，都是将“十”放到最前面。从熟悉程度看，二者都是现代普遍使用的习语，但区别较大。在这里，邢先生重点追踪考察了两个短语中的“来”字，经过一番比较追踪，得出结论：这两个短语中的“来”字表意不同。

首先，从语义上看：“十年来”的“来”指向“十年”，可以换成“以来”，即可以说成“十年以来”，明显表示时间的数量范围；“十来年”的“来”则指向“十”，不能换成“以来”，即不可以说成“十以来年”，明显表示概数。如果认为这两个“来”都是助词，那么前者更像是范围助词，后者才是典型的概数助词。

其次，从语法上看：第一，“十来年”可以用在动词后边充当宾语，如“有十来年”“过了十来年”；“十年来”没有这种用法。第二，两个“来”在词语的组配上有不同的表现。比如，表示典型概数的，可以说“四千来年”“五千来年”，但不能说“四五千来年”；而主要表示范围的则不受限制，不仅可以说“四千年来”“五千年来”，也可以说“四五千年来”。由此可见，“十来年”之类和“十年来”之类，不是全然等同的现象。就共时平面而言，两个“来”不应混为一谈。

邢先生对概数“来”的语里含义进行了追踪，通过对现代汉语和近代汉语的考察，发现现代汉语里概数助词“来”表左右，近代汉语里概数助词“来”也表左右。因此得出结论：对概数助词“来”最切合语言实际的概括是左右。

第四节　结　语

《事实终判：“来”字概数结构形义辨证》一文共 12 528 个字，邢先生针对概数“来”字的形和义的问题，查阅了大语料库，对《人民日报》(1981—2006) 进行了全面搜索，共计九百多万个句子（包括较长的多重复句），将近八亿个字。概数“来”字，从古代到现代，从形式到意义，邢先

生一路辛苦地追踪，始终没有放弃。邢先生这种追踪意识，实际上是在坚守一种信念，即语言研究是以语言事实作为最终判定的权威依据。

邢先生在这篇文章的结尾处强调：写作本文，意在突出强调一条原则——事实终判，即以语言事实作为最终判定的权威依据。研究问题，必须在事实的发掘上多下功夫。因为结论的可靠性取决于证据是否真实充足。邢先生还将语言研究比作法庭辩论，他说：最能说明这一点的莫过于法庭辩论。甲提出一个断定，乙马上回应：“证据！”假若甲拿不出事实来证明，甲的断定就无法成立。

邢先生做研究向来注重语言事实的挖掘，向来倡导“研究植根于泥土，理论生发于事实”。在这篇文章中，他反复强调语言研究的事实观。“事实胜于雄辩”，这是颠扑不破的真理。不尊重事实，有意无意地冒犯事实，再厉害的“雄辩”也不会鲜活，不是真的厉害。

邢先生的事实观实际上也是一种务实观，即一切都要从实际出发，尽可能地穷尽语言事实，挖掘语言事实，找出语言规律，服务人民群众的语言生活。邢先生的这种观点与吕叔湘先生晚年总结出来的治学原则“广搜事例，归纳条理，反对摭拾新奇，游谈无根”是不谋而合的，都是强调尊重事实、事实终判。

对“一丈高”之类中的“大”“高”“长”“宽”等词词性的断定，邢先生几乎追踪了半个世纪。他追踪的历程如下：

1965 年，邢先生就写过《谈“数量结构＋形容词”》一文，讲的是“一丈高”“八丈远”“八公斤重”之类的现象。邢先生指出，这里面的“高”“远”“重”等都是形容词，“一丈高”“八丈远”“八公斤重”都是谓词性结构，而不是名词性结构。

1979 年，针对定名结构与谓词性结构联结使用的现象，邢先生还专门写了《论定名结构充当分句》一文，发表在《中国语文》第 1 期上。

1981 年，邢先生在《词类辨难》一书中讲到“受物量结构修饰的词语，不仅仅是名词，还有形容词”时，就说：如“一丈高、三尺长、四寸厚、八尺深、五斤重”等，修饰形容词的物量结构是“数词＋度量衡单位”。这种数量结构在修饰形容词时性质是比较特殊的：它们可以用“多”来提问，不能用“多少”来提问，并且可以用“这么”“那么”去替换。例如，“多高？——一丈高。——真的这么高吗？”“多深？——八尺深。——真的那么深吗？”可见，这里的物量结构表示程度，它们是修饰形容词，而不是修饰名词。

1984年在《说“NP了”句式》一文中，邢先生就指出名词或名词短语也可进入谓词性结构，不过，这种名词或名词短语必须具有推移性。如，“大姑娘了”“八十年代了”“这么多年了”。

1993年，邢先生在《形容词的AABB反义叠结》一文中，对形容词反义叠结的现象进行了深入的研究，认为形容词AABB反义叠结形式在整体功能上具有形容词的性质，是一种凝固性很强的形式。

1996年，邢先生在《汉语语法学》中指出分句之间的联结有两种：一种是同质联结，即谓词性分句与谓词性分句的联结、名词性分句与名词性分句的联结；另一种是异质联结，即谓词性分句和名词性分句的联结。关于异质联结，最典型的情况是定名分句和谓词性分句构成的分句。

2009年，邢先生在《测估词语+反义AA》一文中指出：测估词语，指用来测估度量的词语，包括“（一个）手指”“八十厘米”等；反义AA，指两个单音节反义形容词的组结形式，包括“大小”“粗细”“长短”“高矮”等。邢先生还特别强调，经过多年的反复观察和思考之后他发现，测估AA中的AA是形容词性的形式，最简明而又最能说明问题的证据是AA前面可以出现程度指示词“那么”。“测估词语+反义AA”可以说成“测估词语+强态A”，二者基本同义。比如，一个拳头大小→一个拳头大、八十厘米长短→八十厘米长。

2012年，邢先生在《说“数量名结构+形容词”》一文中再次强调：“一丈高”之类中的“大”“高”“长”“宽”等词，到底是形容词还是名词？直接可以使用“那么”这个语法标准来检验。“那么”是判定一个词是否具有名词性质或者是否具有形容词性质的充足条件。更直截了当地说，有了这个条件，就足够证明需要判别的“大”“高”“长”“宽”及其同类的词不是名词，而是形容词。

邢先生通过近50年的追踪，得出“一丈高”之类中的“大”“高”“长”“宽”等词一定是形容词。“一丈高”是谓词性结构。至于“一丈高矮”“一丈长短”等类中的“长短”“宽窄”“高下”“深浅”“远近”“厚薄”“粗细”的研究，据邢先生回忆（见《测估词语+反义AA》），1965年，在《谈“数量结构+形容词”》的原稿里，他曾提到“一丈高矮”之类的现象，编辑部在关于稿件修改的来信中指出“高矮”之类应该是名词，建议删去有关内容，邢先生当时接受了编辑部的意见。但2009年，他在写《测估词语+反义AA》一文时说，他经过多年的反复观察和思考之后，再把这类现象提出来讨论，得出的结论是：“测估AA”中的AA是形容词性的形式。2012年，邢先生在《说“数量名结构+形容词”》的文尾，再次提到了这一现象的最新研究成果，邢先生说：不管是在“数量结构+形容词”的格式中，还是在“数量名结构+形容词”的格式中，度量义形容词都是“大小”“高矮”“长短”“宽窄”“深浅”“重轻”中表示强态义的“大”“高”“长”“宽”“深”“重”。唯独“粗细”，既可以说“有水桶那么粗”，也可以说“有一根头发丝的千分之一那么细”。这是为什么？邢先生未能作出理想的解释。特列举语词，求教于方家。

由此，我们可以看出：在语言学的发展中，语言事实的发掘对于研究的深化具有关键性意义，而语言事实的发掘又来源于不间断的追踪。

我国著名语言学家陆俭明先生在《再谈要重视对新的语言事实的挖掘》一文中也指出：“无论是语言的本体研究还是语言的应用研究，要推进，要发展，都离不开两样东西，一是新的语言事实的挖掘与发现，二是语言理论的不断升华、更新与发展。这二者起着互相推进的作用。”“具体说来，在语言研究中，注意挖掘与发现新的语言事实，或是为了证实，或是为了证伪，或是为了探究所遇到的问题或有意思的语言现象。无论属于哪一个方面，都要有心、用心地去发现有价值的、具有说服力的语言事实。”①

① 陆俭明：《再谈要重视对新的语言事实的挖掘》，《当代修辞学》2013 年第 1 期，第 2 页。

第八章　大器晚成和厚积薄发的现实应用

邢先生在《语言哲学与文化土壤》中说，中国的语言学家应该关心中国的哲学语言，进而关心中国的语言哲学。国学宝库代表着中国文化土壤的地基和主体。从哲理角度发掘国学语言，会加深我们对语言的认识。

大器晚成和厚积薄发是国学宝库里世世代代起着教育后辈作用的名言。邢先生从国学的角度对这两个成语进行了研究，写了《大器晚成和厚积薄发》一文，于2011年7月4日发表在《光明日报》（国学版）上。

语言研究是为语言应用服务的，语言研究来源于语言应用，又指导着语言应用。能够服务于语言应用的研究，才是好研究。《大器晚成和厚积薄发》一文，让我们看到了语言研究对语言应用指导的力量。

第一节　大器晚成和厚积薄发的理论探究

一、大器晚成语言理论的探究

大器晚成最早见于《老子》。根据罗竹风主编的《汉语大词典》的解释，大器晚成是指贵重物器需要长时间才能完成，常比喻大才之人成就往往较晚。为了证明这个结论，词典里还标注了有关大器晚成的例证，如，《老子》："大器晚成，大音希声。"

邢先生对词典列举出来的大器晚成的本义和比喻义进行了质疑。

首先，就本义而言，邢先生考察了《老子》第四十一章中以"大"起头并且排比在一起的四个小句："大方无隅；大器晚成；大音希声；大象无形。"大意是：度量特大的方形，反而没有棱角；度量特大的器皿，总是很晚才能成就；度量特大的声音，反而难以听清；度量特大的物象，反而难以看到。

邢先生从句法结构上对位居第二的大器晚成的本义提出了疑问：为什么在四个并列小句里，唯独大器晚成是顺承关系，不能加"反而"，而其前后的三个小句都是逆接关系，都可以加“反而”？经过一番考证，邢先生同意王光汉在《“大器晚成”初义辨》一文中提出的观点：“免”和“晚”互通，“盛”和“成”相同，大器晚成的初义应是大器免盛，即特大的器皿反而不盛东西。

其次，就比喻义而言，大器晚成的“大器”，是因鼎、钟之类转指杰出或突出的人才而产生的比喻义。邢先生针对大器晚成的比喻义提出了疑问：每个杰出或突出的人才都是晚成的吗？人的成功跟器物的造成是一回事吗？经过深入观察和思考，邢先生得出：人的成才并不绝对受年龄的制约，虽然每个杰出人才都有一定的正常茂密期，但只有过了正常茂密期而取得突出成就的人，才被认为是大器晚成的人。学者和运动员这两类人就是因为职业的不同，正常茂密期的具体时段也不相同。

邢先生为了证明自己的结论，运用了“里—值”验察的方法，即语里含义与语用价值相互验证。具有比喻义的大器晚成，由于形容的是已过茂密期的人，所以在语言运用中表现出多种语用价值。

第一种，用来表示对特定人士的赞扬或敬佩，如：

(1) 净修禅师赞曰：“伏驮密多，大器晚成。”(《祖堂集》)

第二种，用来安慰对方或者用来表示自我安慰，如：

(2) 二位先生高才久屈，将来定是大器晚成的。《儒林外史》第49回)

第三种，用来描述客观事实，如：

(3) 刘易斯是少年得志，约翰逊是大器晚成。(《人民日报》1988年9月27日)

第四种，用来对事物的发展进行理智分析，如：

(4) 大器晚成是中国画的一条规律，因为中国画是阅历、修养、功力的积累，涵养不到，格调、境界也就不到，这不是靠巧智可以捷达的。(《人民日报》1996年8月15日)

二、厚积薄发语言理论的探究

厚积薄发是由厚积而薄发紧缩而成，最早见于苏轼《送张琥》，如：

(5) 呜呼，吾子其去此而务学也哉！博观而约取，厚积而薄发，吾告子止于此矣。(《苏轼文集》，中华书局1986年版)

“厚积薄发”强调做学问要有厚实的功底，在厚厚累积的基础上薄薄地挥发，以保证著述的谨严可靠，无可挑剔。这是我国学界历来崇尚的一种朴学精神，一种优良学风。

为了证明厚积薄发的语里含义，邢先生运用了“里—值”验察的方法，即语里含义与语用价值相互验证。厚积薄发的语用价值体现为：

第一种，常用来劝导别人，如：

（6）要珍惜时间，注意积累，厚积薄发。（《人民日报》1996 年 3 月 4 日）

（7）劝君莫染轻浮气，厚积薄发效先哲。（《人民日报》2002 年 1 月 17 日）

第二种，常用来赞扬那些可为楷模的人，如：

（8）厚积薄发是他为文之道，耐得寂寞是他为人之道。（《人民日报》1988 年 5 月24 日）

（9）几十年的书海远航，培养了他深厚的史学基础和文学修养，一俟把笔为文，即可做到厚积薄发，从心所欲，而决无艰窘之态。（《人民日报》1993 年 12 月 17 日）

三、运用“小三角”对大器晚成和厚积薄发进行探究

1990 年，《云梦学刊》第 1 期发表了邢先生的《现代汉语语法研究的两个“三角”》一文，文中第一次提出并解释了“两个三角”这一概念。

“两个三角”是邢先生从语法研究的方法论角度提出来的，反映的是一种动态的研究思路，其目的是解决怎样在语法研究中观察现象、发掘规律和多侧面相互印证的问题。

“小三角”是指语表形式、语里意义和语用价值三个角，简称为“表”角、“里”角、“值”角。“表”是“语表形式—语表”的简称，指显露在外的可见形式。“里”是“语里意义—语里”的简称，指隐含在内的不可见的关系或内容。“值”是“语用价值—语值”的简称，重视在比较中考究研究对象的语用效应，回答它到底有何价值的问题。

“小三角”的事实验证，包括表里印证和语值验察两个方面。表里印证是指在表里之间寻找规律性联系，以揭示有关事实的特定规律。其基本做法是：由表察里，由里究表，表里相互印证。语值验察是指在表里印证之后进一步研究“值”角，弄清特定的语用价值。

在这“小三角”中，语表是基点，也是研究的聚焦点。其方法是通过语表形式来究察语里意义，通过语表与语里的相互印证来发现语表语里的结合体在一定语言环境中所具有的语用价值。因此，一般的研究程序是先辨察表里，再究语值。

“大三角”是指“普通话—方言—古代近代汉语”三个角，简称普角、方角、古角。在“大三角”的研究中，“普”是普通话的简称，指现代汉语共同语的语法事实。“方”是方言的简称，指现代汉语里的方言事实。“古”是古代近代汉语的简称，指汉语里跟现代相对的古代近代的语法事实。

“大三角”的事实验证，包括以方证普和以古证今两个方面。以方证普，这是普—方验证，即立足于普通话，横看方言，考察所研究的对象在方言里有什么样的表现，以方言印证普通话。以古证今，这是普—古验证，即立足于今，上看古代近代汉语，考察所研究的对象在古代近代汉语里有什么样的表现，以古印证今。

邢先生对大器晚成和厚积薄发语言理论的探究，便运用了语言学的研究方法——“小三角”验证法，如表 8-1 所示。

表 8-1　大器晚成和厚积薄发的“小三角”探究

“小三角”	大器晚成	厚积薄发
语表	见于《老子》：“大方无隅；大器晚成；大音希声；大象无形。”	见于苏轼《送张琥》：“呜呼，吾子其去此而务学也哉！博观而约取，厚积而薄发，吾告子止于此矣。”
语里	本义：特大的器皿反而不盛东西。 比喻义：只有过了正常茂密期而取得突出成就的人，才被认为是大器晚成的人。	反映了我国学界历来崇尚的朴学精神，强调做学问要有厚实的功底，在厚厚累积的基础上薄薄地挥发，以保证著述的谨严可靠，无可挑剔。这是一种优良学风。
语值	①表示对特定人士的赞扬或敬佩。 ②安慰对方或者表示自我安慰。 ③用来描述客观事实。 ④用来对事物的发展进行理智分析。	①用来劝导别人。 ②用来赞扬那些可为楷模的人。

第二节　大器晚成和厚积薄发的应用探究

邢先生在《关注语言生活，做好语言研究》一文中提及了“大器晚成”和“厚积薄发”二词，他认为这两个成语很容易误导年轻人。

大器晚成常比喻大才之人成就往往较晚。然而，大器一定得晚成吗？不一定。自古英雄出少年，为什么一定要晚成？有的人说“我要大器晚成”，实际是为自己找借口。

还有厚积薄发，为什么一定要先厚积再薄发？他在参与教师职称评定工作的时候，很为一些优秀的教师惋惜，明明知道他们很有学问，可是他们却不出成果，说要厚积薄发。其实，如果对“积”和“发”的先后关系过于执着，不肯或不敢轻易动笔，结果只会是更难出成果。同时，他也指出：当然，也不能薄积厚发。现在有些人只用几个例子就做出一大篇文章的做法就属于薄积厚发。如果研究语言只是局限于手头的几个例子，无视他人对于语言的认知，仅凭主观想法，怎能写出符合汉语实际的文章？

一、大器晚成的现实应用探究

经考证，邢先生认为，只有过了正常茂密期而取得突出成就的人，才被认为是大器晚成的人。所以，大器晚成只适用于已过成才茂密期的人物，不适用于教育青年学生。在大学中，特别是对于 20 岁上下的青年学生更不能使用。如果使用了，就会束缚青年学生们聪明才智的及时闪光。

大器晚成语义上的偏向性决定了其语用上的偏向性，即大器晚成不是普遍适用的成才原理，不能成为教育学生、造就人才的定律。在强调优良学风的发扬上，可以用大器晚成来告诫青年人不要急于求成，但并不是提倡压制青年人才华的喷发而无所作为地等待。

在大学生成才的问题上，邢先生认为，应反对大器晚成，提倡大器早成。学校和社会应该创造一切条件，让大学生的才智尽早闪光；大学生也应竭尽全力，奋力拼搏，抓住机会，让自己的聪明才智尽快地展现出来。

2011 年 3 月 14 日，《楚天都市报》第 38 版以《大器须早成——首届荆楚社科名家邢福义博导谈成才》为题，对邢先生进行了专版报道。邢先生只读了十年书，作为博导的他，至今最高学历都还是个大专，但邢先生是个成才较早的人。1956 年，21 岁的邢先生在华中师范学院读完了两年中文专修科就留校当助教了。1957 年，22 岁的他就在中国语言最权威的学术刊物《中国语文》上发表了《动词做定语要带“的”字》。到 30 岁时，他已在《中国语文》上发表了 7 篇学术论文。2011 年，年近八旬的他每每回忆起自己的成长之路，都表示大器早成的理念对他的成才帮助特别大，应该鼓励大学生尽早成才。

邢先生说，大器晚成是一些人为自己的惰性找借口。20岁左右是人生创造力最旺盛的时候，年轻人千万不要被什么厚积薄发所迷惑。年轻人应该积一点就发一点，大器就应该早成。

二、厚积薄发的现实应用探究

经考证，邢先生认为，厚积薄发强调在厚厚累积的基础上薄薄地挥发，以保证著述的谨严可靠，无可挑剔，只适用于发扬优良学风。

邢先生结合现实，借厚积薄发这种朴素的优良学风，批评了当今社会中的不良文风——薄积厚发。如在文中，邢先生明确地指出：目前，学风浮躁，某些导向性措施容易把学者尤其是青年学者引向急功近利，于是写出来的文章往往“长平快”——文章长，质量平，写得快！这是薄积厚发的结果，对学科发展极为不利。为了引起读者的注意，邢先生还引用了有识之士对薄积厚发的高度关注和尖锐批评，如：

(10) 现在某些学术文章往往不是深入浅出、厚积薄发，而是浅入深出、薄积厚发——本来研究很浅，但写出的文章似乎很深，若仔细推敲，却又言之无物，此即是虚华与浅薄的表现。(《人民日报》1999年11月27日)

(11) 不少人做学问不是“厚积薄发”，而是“薄”积“厚”发，甚至“没”积也发，剪刀加糨糊，连篇累牍，好像“学富五车”“才高八斗”，实则下笔千言，离题万里，“嘴尖皮厚腹中空”。(《人民日报》2002年1月17日)

邢先生联系时代，结合实际，运用语言逻辑，对厚积薄发的负命题“薄积厚发”进行否定，从而达到对厚积薄发这种优良学风的肯定。邢先生以古说今，针砭时弊，由古代的厚积薄发说到现代的薄积厚发，由古代的优良学风说到现代的不良文风，不仅授给了读者厚积薄发和薄积厚发的相关语言学知识，而且对读者进行了学风文品教育，教导读者要树立正确的成才观、养成良好的学风、抵制不良的文风。

邢先生关注时代，关心社会，实事求是，不仅指出了人们治学理念上的弊端，而且教给了人们正确的治学方法，帮助人们进步，促进人们成功。在成才过程中，邢先生主张不应该先积后发，而应该以积促发，以发带积，二者互动，形成良性循环。

邢先生引用“在实践过程中成长”“在游泳中学习游泳”“在战争中学习战争”“有多少热就发多少光”等人们所熟知的话语来告诫读者边

积边发的重要性；还引用“会做学问的人，总是边积边发、边发边积，再边积边发、边发边积，如此循环往复，螺旋上升，终于取得令人瞩目的成就”等成功人士的成才秘诀来鼓励读者应将边积边发、边发边积付诸现实。

三、大器晚成和厚积薄发的正确应用

邢先生运用语言理论上探究出来的成果，对成语大器晚成和厚积薄发的现实应用进行了指导。

他通过对大器晚成和厚积薄发古义的探究，得出大器晚成和厚积薄发在语言应用上都是指向人才的培养，但各自的语用重点不同。大器晚成的语用重点指向成才的某个时段，厚积薄发的语用重点指向成才的某种学风。

应用成语“大器晚成”时，应充分考虑到应用的对象性。在鼓励成才的过程中，大器晚成只适用于已过成才茂密期的人物，不适用于教育青年学生。应用成语“厚积薄发”时，应充分考虑到语言应用的内容性。在鼓励成才的过程中，厚积薄发只适用于发扬优良学风，不适用于具体的治学方法和成才过程。

在实际应用大器晚成和厚积薄发时，不仅要考虑到各自的语用重点，而且要考虑到各自的应用领域。大器晚成和厚积薄发都是优良的学风。在具体应用时，要充分考虑到二者的语用偏向性，不能将二者泛化而应用到学理上来，更不能错误地认为大器晚成和厚积薄发是教育学生、造就人才的普遍准则。

学风和学理是不同的。邢先生曾在《国学精魂与现代语学》一文中明确指出：学风、学理和学术成果是国学精魂的三大组成部分。国学有反映民族性格特征的朴实学风，我们一般理解为朴学精神；国学有反映民族认知结晶的深刻学理，蕴藏量大，开掘空间广阔；国学有多方面重要的学术成果，为世人了解中国的社会、历史、文化传统奉献了极为宝贵的论断。这三者共同显示了中华学术文化的“根”，体现着中华学术文化的“源”，绵延着中华学术文化的“流”。

大器晚成和厚积薄发都是反映中华民族性格特征的朴实学风，在具体应用中，二者的异同比较如表 8-2 所示。

表 8-2　大器晚成和厚积薄发在具体应用中的异同比较

异同比较		大器晚成	厚积薄发
不同点	语用重点	指向成才的某个时段。	指向成才的某种学风。
	语用的范围	专用于已过成才茂密期的人物。	专用于优良学风的发扬。
	不适用的范围	不能用于大学中，特别是 20 岁上下的青年学生。	不能用于具体的治学方法和成才过程。
	在应用中应注意的事项	应注意语言应用的对象性。	应注意语言应用的内容性。
相同点		二者都是优良学风，都指向成才，都存在语用偏向性，都不能成为教育学生、造就人才的定律。	

关于语言文字应用研究的相关问题，邢先生在《加强学风建设　深化事实发掘——华中师大文科资深教授邢福义访谈录》一文中，回答了《中国语言生活》记者高媛媛的提问。

《中国语言生活》：邢先生，您被誉为 20 世纪现代汉语语法八大家之一，在汉语本体及理论研究方面卓有成就，同时您也非常关注语言的应用研究，涉及逻辑、修辞、文化语言学、社会语言学等诸多领域。我国的语言文字应用研究一度被边缘化，很长一段时间没得到应有的重视。请您谈谈对这个问题的看法。

邢先生：我国传统的语言研究还是很重视应用的，之后受到冷落，这与整个学术环境与研究倾向有关系。扭转这个局面需要人们意识到应用研究的重要性，恐怕还要经过长期的努力。目前我国的语言应用研究受到外来的冲击很大，一种外来理论至上的风气与浪潮阻碍了应用研究。我相信总有一天要回归，总有一天土鸡蛋要比洋鸡蛋吃香，土布会比的确良舒服。总有一天，当人们发现这些外来理论无法解释语言事实的时候，人们会回过头来研究实际。我觉得将来最先会挑战那些脱离实际的理论的研究方向就是中文信息处理，中文信息处理是走在最前面的。

关于语言学理论与语言学实践的关系，邢先生在《护卫母语尊严——访语言学家、华中师范大学资深教授邢福义》一文中，回答了《中国社会科学报》记者宋晖的提问。

《中国社会科学报》：当今语言研究的诸多理论与我们的实践似乎对

应不上，就是说语言理论与语言实践在很大程度上是脱节的，不知您是怎么看待这个问题的？

邢先生：你说得很对，我们应该努力改变这种情况，促进语言理论和语言应用实践的接轨。语言应用实践，主要包括三大方面：第一，本国语言教育的应用实践，对象是本国学生和本国人；第二，对外汉语教学的应用实践，对象是外国学生和外国人；第三，计算机信息处理的应用实践，对象是需要学习掌握语言规则的计算机。

目前，我国语言学术刊物上，“主流”的理论跟我国语言应用的三大实践都存在衔接不上或者衔接不紧的问题。有位韩国教授跟我谈心，说她听了一些报告，感觉到报告的内容跟帮助韩国学生解决掌握汉语的问题存在距离。我以为，这种感觉的产生，是由于理论与应用实践相互脱钩，理论的套路和应用实践的需求没能连成一条顺畅的轨线。“古为今用，洋为中用”的正确原则，我们应该旗帜鲜明地坚持，这一原则永远不会过时。国外理论的引进，是发展中国语言学的重要途径，但是，对于包括语言学在内的人文社会科学来说，引进只是一个初始阶段，接下来还有一个更为重要的阶段，这就是本土化。

一种理论引进以后，一定要让它在中国的土壤里定根生发。根深才能叶茂。墙头上的植物，没有深根，因而不可能长成参天大树。近来，我经常阅读《中国社会科学报》，印象是许多学科，包括哲学、法学、经济学、社会学、历史学等，都在本土化上狠下功夫。中国语言学的发展，是否也要考虑外来理论的本土化，使之实现和应用实践的接轨呢？这应该是又一个需要研究的重大课题。

第三节　世代名言的据实思辨

一、从名言个案推及所有名言

邢先生在《语言哲学与文化土壤》一文中说，开掘几千年来一直存在着的文化土壤，必须离析其文言因素和历史印记。只有这样，才能使语言的哲学原理充分显示，让人充分领悟其穿越时空的深刻程度，从而收到古为今用的效果。

如，“己所不欲，勿施于人”（《论语·颜渊》），这是为人处世的最高准则，反映出中华民族的精神境界。又如，“大道之行也，天下为公”（《礼记·大同》)，这更是追求国泰民安社会的准则之一，折射出大道一旦施行便能出现人人都愿为公众之事竭尽全力的理想状态。“己所不欲，勿施于人”和“大道之行也，天下为公”都是普世真理。从古到今，从宏观到微观，不管何时何地，做人做事都适用。

又如，“学而优则仕”和“劳心者治人，劳力者治于人”既涉及离析文言因素，更涉及离析历史印记。

“学而优则仕”(《论语·子张》)。改革开放之前，特别是“文化大革命”期间，强调阶级斗争年年讲、月月讲、天天讲，“学而优则仕”是被当作“毒草”来批判的。因为做了官，便成为压迫人民、剥削人民的阶级；要想“学优”的人，皆属追求出人头地、个人利益至上的坏分子。现在“官民”“官兵”的说法很常见，官与民、官与兵绝对不是敌对的阶级或阶层。现在“官职”“官衔”等说法也很常见，显然跟阶级斗争风马牛不相及。可见，把“官”的概念和“坏分子”之类的概念缠绕在一起，那只是一种历史印记。邢先生说，只要离析掉外加的历史印记，还原其学优者可出任相应职务的本义，这个句子所表达的显然便是古今中外普遍适用的哲理。

“劳心者治人，劳力者治于人”(《孟子·滕文公章句上》)。“文化大革命”期间，这句话也曾被判为“历史糟粕”，成了为封建帝王制造专制统治的理论依据，遭到了“批倒批臭”。“治”的重要义项之一是管理(《现代汉语规范词典》第2版)。邢先生说，只要离析掉外加的阶级斗争之历史印记，还原“劳心者治人，劳力者治于人”的朴实本义，便是“从事脑力劳动的人可以管理别人，而从事体力劳动的人只能被别人所管理”之类意思。这显然符合社会发展规律的普遍性法则，“治”和“治于”之间并不存在高贵和低贱、压迫和被压迫的关系。

而有的名言，如大器晚成和厚积薄发，在离析文言因素和历史印记后还会发现，大器晚成和厚积薄发在古为今用的过程中，存在特定的语用适应性，不能成为普遍性的准则，不能在所有的领域应用，尤其是不能用来教育年轻学子。

文章《大器晚成和厚积薄发》分为三个部分：第一部分是对大器晚成语言理论的探究，第二部分是对厚积薄发语言理论的探究，第三部分是借大器晚成和厚积薄发语言理论的探究成果，来指导大器晚成和厚积薄发的正确应用。

所有这些对大器晚成和厚积薄发的研究，都是邢先生的证据，邢先生最终的核心观点是：对于世世代代起着教育后人作用的名言，在当今的应用中，我们应该据实思辨，科学吸收。

二、从名言内涵推及所有名言

在《大器晚成和厚积薄发》一文中，邢先生从语言学的专业视角审视国学，弘扬国学。其目的还是服务于当代，力求古为今用，促进社会的发展。

大器晚成指向的是成才的某个时段，厚积薄发指向的是成才的某种学风，但二者在不同中又有了相同点，即都不是普遍适用的成才原理。

邢先生通过对大器晚成和厚积薄发的深入研究得出：在国学宝库里，世世代代起着教育后人作用的名言，并不是每条名言在当今都适用。在今天具体应用这些名言时，一定要据实思辨，科学吸收。如果在思想观念上不加思辨、不加取舍，对国学宝库中世代沿袭的名言全盘吸收，那么，在应用上就会造成误导，这种误导将会对人民的生活、对国家的发展极其不利。

特别值得注意的是，有时某些语句所表示的正意是其比喻义，而不是所用词语的本然含义。比如“三个臭皮匠，当个诸葛亮”这个熟语用来比喻人多智慧多。这样的表述便不能紧盯着“臭皮匠”和“诸葛亮”的本义。因为就实际情况而言，多少个臭皮匠都抵不上一个诸葛亮。要是真的抵得上，那么这三个臭皮匠一定起码也是三个小诸葛亮，而不是三个普通人。

邢先生的观点“据实思辨”，与鲁迅先生的“拿来主义”是一致的，都是说对于古的东西我们要批判性地继承。自鲁迅提出到现在，人们对于“批判继承”这个观念已经接受了几十年，可在实际应用中，哪些要批判，为什么要批判，怎样批判，人们知之甚少。此文中邢先生就以大器晚成和厚积薄发为例，教给了读者具体批判继承的方法。对于如何解决“在现实生活中批判继承名言”这个问题，此文是一个成功的范例。

三、语言哲学与哲学语言

哲学语言往往表现为语句的哲学理念需要从不同侧面长时间地做深入的专题研究，从古到今，中国不乏哲学语言。如《荀子·解蔽》：“精于物者以物物，精于道者兼物物。”意思是精通某一具体事物的人，可以管理这一具体事物；精通各种事物之理的人，可以全面兼顾地管理各种事物。又如中国梦，用比喻的方式概括中国人的伟大理想，这便是最新的最为深入人心的哲学语言。

而关于语言哲学，邢先生说，语言学家们应该重点关心怎样通过对中国文化的发掘发展中国特色的语言哲学。语言哲学一旦产生，并且达到一定的高度，学派或流派就会随即出现。

近些年，中国经济的迅猛发展已经为中国特色经济学学派的产生准备了极好的条件，中国特色经济学学派必将率先在中华土壤中生出。哲学、历史等学界，都在旗帜鲜明地主张研究工作的中国化、本土化。相较而言，语言学界相对滞后。

《语言哲学研究》主编钱冠连教授在《后语言哲学之路》一书中，有专文论说中西语言学的学派与流派。文中分析道：西方语言学的学派与流派，可圈可点的甚多。中国的汉语研究情况如何？在《北京大学百年国学文粹·语言文献卷》里，从吴承仕、黄侃、钱玄同、林语堂、罗常培、王力、陆宗达，到周祖谟、朱德熙、裘锡圭，所列论文精彩纷呈，却让人看不到学派与流派的任何提示。不过，书中又分析道：吕叔湘对汉语语法研究有很大贡献，对后人有巨大影响，邢福义就是接受吕叔湘影响最深的学者之一。如果不揣冒昧，也许可以给吕叔湘语法研究这个学派起个名，称之为实据派。至于我国的外语学者，没有自己的学派是显而易见的事实。要说有"流"有"派"，恐怕也是跟着西方在"流"，跟着西方在"派"，在这一点上，我们必须有足够的反省勇气。

邢先生说，语言学内部包含不同层次的许许多多学科，外部又跟许许多多的学科发生关联。我们不能没有哲学意识。多了解语言哲学，多思考些语言哲学问题，这对个人素质的提高和整个学科档次的上升都会有好处的。

第四节　结　语

大器晚成和厚积薄发之所以在具体的应用中容易产生误导，笔者认为这跟人们认识语言的过程中一直以来遵循时间顺序原则有关。人们错误地认为，汉语的语法都是按照时间顺序来排列的，其实不然。

一、戴浩一先生的时间顺序原则

戴浩一先生在《时间顺序和汉语的语序》一文中提出了时间顺序原则(The principle of temporal sequence，简称为PTS)，即两个句法单位的相对次序取决于它们所表示的概念领域里的状态的时间顺序。在文中，他分别从

PTS与动词结构、PTS与汉语状语、PTS与时间范围、PTS与名词短语四个方面进行了论证，最后得出结论：除非有相反的证据，PTS必须看作汉语语法中最普遍的语序原则。

时间顺序原则的确在汉语语序中表现得非常明显。比如，戴先生在文中举出的例句：

(12) 我吃过饭，你再打电话给我。

(13) 李小姐吃了半碗饭就跑了。

(14) 张三上楼睡觉。

(15) 我们开会解决问题。

(16) 他念完了这本书。

(17) 他昨天来到美国。

(18) 他从中国来。

(19) 他比我高。

(20) 他对我说。

(21) 他笑着对我。

(22) 他用筷子吃饭。

(23) 1980年，12月，22日，上午，10点。

(24) 他把黑板上的字擦了。

(25) 他把书卖了。

但时间顺序原则并不是汉语语法中绝对性的普遍原则，因为有反例存在，如大器晚成和厚积薄发。

二、大器晚成和厚积薄发不遵从时间顺序原则

大器晚成的比喻义是只有过了正常茂密期而取得突出成就的人，才被认为是大器晚成的人，那么，大器晚成实际上是指晚成的大器。但由于人们错误地认为，凡是汉语都是遵循时间顺序原则，所以在理解大器晚成时，就按照从前往后的顺序，错误地理解为凡是大器都是晚成的。实际上，根据比喻义，大器晚成的顺序是先后面晚成，再前面大器，即晚成大器（晚成的大器）。

厚积薄发的本义是在厚厚累积的基础上薄薄地挥发，以保证著述的谨严可靠，无可挑剔。根据这个意思，厚积薄发应是底层与表层的关系，即上下关系，底层是厚积，表层是薄发。但人们由于错误地认为凡是汉语都是遵循时间顺序原则，所以在理解厚积薄发时，就按照从前往后的顺序，错误地理

解为先要厚积，然后才能薄发。

因此，戴浩一先生提出的时间顺序原则固然能够解释一大部分汉语语序的现象，但并不是所有的汉语都遵循时间顺序原则。如在理解大器晚成时，应该先后再前，先晚成再大器；在理解厚积薄发时，应该是上下关系，在厚积的基础上薄发。

邢先生以大器晚成和厚积薄发作为典型成语展开研究，我想，是因为他早已看到了这一点的缘故吧。

第九章　“诞辰”演化的传授艺术

2012年2月6日，笔者在《光明日报》（国学版）上发表了《国学研究与传授学》一文，引起了国内诸多媒体的广泛关注。文中，笔者提出：对于学术论著写作者包括国学研究者来说，有自己的独到见解，这十分重要；发表见解时讲究传授学，这同样十分重要。2012年4月6日，邢先生在《光明日报》（国学版）上发表了《“诞辰”古今演化辨察》一文，笔者反复研读，感触颇深，不仅惊叹于他对“诞辰”一词的独特见解，更折服于他对个人观点传授的艺术。

国学思想博大精深，国学原著文辞难懂。年轻读者缺乏文字、训诂、音韵等方面的严格训练，为了让国学研究成果贴近年轻学者，《光明日报》（国学版）特设立《国学漫谈》专栏。邢先生的《“诞辰”古今演化辨察》就刊登在这个“漫谈”专栏里。

《“诞辰”古今演化辨察》是以散文的章法、漫谈的形式，讲授“诞辰”的古今演化。该文篇幅简短，但内涵丰厚、耐人寻味。本章将从三个方面解密邢先生国学传授何以吸引读者、打动读者、影响读者。

第一节　传授的真与美

《“诞辰”古今演化辨察》质朴精致，体现了国学传授的真和美。

一、传授的真

邢先生说古论今，有据可依，追溯真实历史，查找真实语料，探求真实原因，得出真实结论，层层推理，严密论证，真实可信。如，对“诞辰”一词的解释，就反映了邢先生讲实据、求实证，崇尚质朴的朴学精神。

邢先生追踪溯源，查找辞书，同义比较，科学得出结论：“诞辰”，即“生日”，用于地位崇高、值得尊敬的人，最早见于《全唐诗》卷2，唐中宗李显所题“十月诞辰内殿宴群臣效柏梁体联句”；而适用于所有人使用的“生日”出现比“诞辰”早，最早见于东汉班固所写的《白虎通·姓名》：

“殷以生日名子何？殷家实，故以生日名子也。”

又如，在回答“诞辰日”这种说法是否存在时，邢先生一方面运用现代科技手段进行科学检索，一方面又贯彻朴学精神，反复验证，最终得出真理性的结论，令读者叹服。邢先生检索了1981年到2012年的《人民日报》，发现使用“诞辰日”的语例共有73个，并列举了其中的一些语例来加以证明，如“黄帝诞辰日”“妈祖诞辰日”等，邢先生通过科学的数据和具体的语例强有力地证明了“诞辰日”这种说法的确存在。

再如，在证明“诞辰多少周年”的说法远远多于“多少周年诞辰”时，邢先生分别针对同一个人名、采用同一个语料库进行检索，得出数据：1981年到2012年的《人民日报》中，“孙中山诞辰多少周年”一共出现278次，而“孙中山多少周年诞辰”仅出现10次；“鲁迅诞辰多少周年”一共出现132次，而“鲁迅多少周年诞辰”仅出现了6次。两组数据的对比，让读者不由自主地得出同邢先生相一致的结论。

在文尾，邢先生还特意列举了现实生活中的真实语例：

（1）黎锦熙先生诞辰120周年纪念暨学术思想研讨会在京举行。

（2）纪念高名凯先生诞辰100周年。

以上两个语例，证明了“诞辰”一词的使用的确顺应了语言的发展观和群众观。

通读全篇可以看出，在探求“诞辰”古今演化辨察的问题上，邢先生始终是在践行国学的优良学风——朴学精神，追求的是充分占有材料，据实思辨，倡导的是“论必据迹”（欧阳修《或问》）和“观天下书未遍，不得妄下雌黄”（《颜氏家训·勉学篇》）的求真务实的科学态度。

二、传授的美

邢先生的国学文章，美在朴素、美在自然、美在流畅、美在干净；不故作奇语，不强言哲理，不假雕饰，不动声色，平淡无奇。然而这种看似平淡而乏味的文字，恰恰更有韵味，更能拨动读者的心弦。如，对“诞辰日”与“生日日”，邢先生提出一个疑问：既然“诞辰”就是“生日”，“诞辰日”便等于说“生日日”，这个说法通吗？邢先生这随便的一问，便问到了读者的心坎上，引起了读者的好奇和关注，吸引着读者的注意力。表面看起来这是邢先生漫不经心的一个提问，实际上这是邢先生煞费苦心的有意诱导。

邢先生提的问题看似简单，实则深奥：问题在人们正常思维范围内，然而答案却在正常思维之外。“之内”“之外”的思维跨度，就使读者产生了问在心坎上、答在情理中的审美体验，在艺术感受上也领略到了“柳暗花明又一村”的审美快乐。

像这种提问，文中还有很多，如直接向读者提问：“诞辰日”这个说法有足够的事实来支持吗？｜“诞生日”是个现成的说法，为什么要另起炉灶，造出一个“诞辰日”？｜“诞辰日”的使用，跟语言结构的组配状态有没有什么关系？｜为什么“诞辰多少周年”的说法多于“多少周年诞辰”？｜既然可以把“诞辰”和“诞生”当作同义词来使用，为什么不直截了当地统一使用“诞生多少周年”？……这些看似随随便便的提问，实际上来源于邢先生有意识的巧安排，朴素的语言包含着丰厚的内蕴。

邢先生随口一提，如话家常，问的是我们司空见惯以致熟视无睹的东西，答的却是我们未曾思考或者无暇思考的语言哲理，活泼灵动又妙趣横生，让人读来会之于心且回味无穷。

邢先生在这些问题的设置上巧妙布局，环环相扣，令读者心驰神往，执着前行。通读全文，语言全不见斧凿的痕迹，但却能朴而不拙，素而见美。邢先生将常见的语词巧妙地组合起来，本色质朴而又灵动跳脱，在貌似娓娓道来的平常中蕴含着雅致的趣味，显出一种经过锤炼之后的精美，让人回味不尽。

在《“诞辰”古今演化辨察》一文中，邢先生国学传授的真具体为求真务实的朴学精神，即内在的真；邢先生国学传授的美具体为朴素精致的语言风貌，即外在的美。内在的真与外在的美相互支撑，内外结合，融为一体，产生强大的亲和力、吸引力，拉动着读者与作者进行自在而真诚的交流。

第二节　传授的情与理

《“诞辰”古今演化辨察》短小精悍，充溢着真情实感，闪烁着哲理的光芒。

一、传授的情

《“诞辰”古今演化辨察》的每一个角落都充溢着邢先生对读者的深情。邢先生关爱读者，时时处处为读者着想，在内容的传授上，深入浅出，引人入胜；在语言的表达上，尊重读者的认知发展规律，由浅到深，由易到难，由已知到未知，由具体到抽象，从而让读者读得懂、信得过、用得上。

如，文章开头，邢先生对“诞辰”一词的介绍，“‘诞辰’即‘生日’，名词”。简单明了，只有 7 个字，就将具有文言色彩的“诞辰”的含义和词性告诉了读者，让读者一看即懂，好记好用。

再如，邢先生在回答“诞辰日”这种说法有没有足够的事实来支持时，先引用王力先生说的“我们尊重的是事实，也就是实事求是”；再引用清朝人做学问的原则“例不十法不立”，最后才亮出自己的观点“‘例外不十法不破’，也就是要摆事实讲道理。事实不足，道理不直，就有毛病”。

在这里，邢先生先引用两个简短有力的观点作为铺垫，然后再在这两个观点的基础上提出自己的观点，让读者在熟悉的观点的基础上，比较容易接受自己的观点。邢先生的传授是一步一个脚印，一个脚印一个观点，遵照读者认知发展的规律，循序渐进，用心传授。这种设身处地为读者着想的心理，在这短短的三句话里得到了充分体现。

又如，邢先生在回答“既然‘诞辰’就是‘生日’，那么‘诞辰日’就等于说‘生日日’”这种说法通不通时，他没有直接回答“通”还是“不通”，而是引导读者了解这个问题的本质，即“通与不通，要看怎么理解语言事实”。

对于这个抽象回答，邢先生担心读者还是不太明白，于是又用类比的手法进行了解释，“语言现象往往不是二加一等于三的绝对化关系”。邢先生这种将抽象问题简单化的解释增强了读者对语言理论的深入理解，让读者从语言理论上明白了语言不是数字，语言问题不是数学问题，不能将语言现象绝对化。

宏观的讲解只能活跃在读者认知的表层，要让读者深层透彻地弄懂这个问题，还需要结合具体的语言事实。于是紧接着邢先生就对“诞辰日”进行了深入的分析，告诉读者这是因为“诞辰日”中“辰”的意义已被弱化而脱落，所以“诞辰日”的意思应理解为“诞生日”，而不是“生日日”。

虽然直接告诉了读者这个问题的答案，但是由于答案中涉及语言学的专业词汇，作者又担心非语言学方向的广大读者还是看不懂，于是再次采用了类比的方法，将专业解释通俗化。如文中，邢先生写道：词语结构中，类似情况是存在的。“比如，‘国家’‘窗户’和‘人物’，只指‘国’‘窗’和‘人’，‘家’‘户’和‘物’的语义弱化脱落；又如，好些地方称弟弟为‘兄弟’，‘兄’的语义弱化脱落。”

邢先生这一类比，矫正了读者受挫的审美情绪，开阔了读者的思维空间，激发了读者的联想和想象，让读者在知识点上产生了正迁移，从而获得了瞬间灵感，体会到了了然心悟的审美愉悦和战胜阅读挫折的成就感。

邢先生从宏观到微观、从概括到具体、从专业解答到通俗阐释的传授方式，使读者的理解由点到面，由表层到深层，使读者的审美体验由负迁移到正迁移，由挫折感到愉悦感乃至成就感。这些充分说明了邢先生对读者饱含深情，对读者无比热爱；读者阅读全文，也无不为作者的深情所感动。

二、传授的理

国学传授的理主要体现为思想的火花，理念的凝聚，睿智的结晶。

文中，邢先生对于“诞辰”语言事实的探求与辨察，以及由辨察而得出的真理性发现，使读者获得了一种深深的哲理的启迪。如邢先生通过对“诞辰”古今词义的探究，通过对“诞辰日”和“诞辰多少周年”两种格式的分析后发现：在古代只作名词的“诞辰”，在现代汉语里演化成了两种词性，即一直沿用的名词用法和语法化了的动词用法。“诞辰”这种古今演变的现象说明了一个深刻的道理，即语言也是发展变化的，而不是一成不变的。我们在看待语言问题时，也应用发展的眼光。发展是永恒的哲理。世界上的万事万物都是发展变化的，语言也不例外。因此，邢先生呼吁“语言学家应该用发展的眼光尽可能全面地观察语言事实，不要拘泥于古法”。

邢先生通过对“诞辰”一词古今演化的考察揭露了万物之间永恒的相似性。他这种透过语言现象看语言本质，由具体语言问题到抽象语言哲理的传授方式，使读者获得了理性的醒悟和精神的畅快，使读者由心灵的平静转向灵魂的震颤，使读者的审美体验超越了一般情感反应，达到了巅峰状态。这种睿智的哲理潜入读者心中，深深地打动了读者。

在《“诞辰”古今演化辨察》一文中，邢先生国学传授的情表现为对读者的片片深情，邢先生国学传授的理表现为给读者的语言哲理。片片深情以感性的形式来感染读者，语言哲理以理性的形式来打动读者，感性形式和理性形式相互交织，从而产生了巨大的震撼力，使读者愿意敞开心扉与作者进行灵魂的对话。

第三节　传授的小与大

《“诞辰”古今演化辨察》文简义深，体现了国学传授的小与大。

一、传授的小

国学传授的小体现为篇幅小和题目小。限于篇幅，《“诞辰”古今演化辨察》文章简短，只有 2 817 个字，确乎有些“小样”；该文的题目小，研究的只是一个词。邢先生把自己研究的范围限制在一个极小的天地里，没有拓展延伸，没有长篇大论，有的只是对“诞辰”一词的细致观察，深刻感悟，确乎有些“小气”。但在这“小样”和“小气”中，竟蕴蓄着大学问、大哲理。

二、传授的大

国学传授的大体现为内涵大和意义大。《“诞辰”古今演化辨察》虽仅有两千多字，但解答了 10 个疑难问题。

①“诞辰”和“生日”分别见于何时何处？谁先谁后？

②“诞辰日”这种说法是否存在，是否有语言事实可以证明？

③“诞辰日”的含义是什么？

④“诞辰日”是怎样产生的？

⑤“诞辰日”与“诞生日”的区别是什么？

⑥“诞辰日”的使用是否受“小句”制约？

⑦“诞辰多少周年”与“多少周年诞辰”两种说法，哪种更常见？

⑧“诞辰多少周年”这种结构模式中，“诞辰”是什么词性？

⑨为什么“诞辰多少周年”的说法多于“多少周年诞辰”？

⑩为什么不直截了当地统一使用“诞生多少周年”？

全文文字简约，但内涵丰厚，在较短的篇幅里解决了较多的问题，满足了有心学习国学而又无暇通读国学经典的读者们的现实需求。

又如，邢先生对《人民日报》（1981—2012）将近二十亿字的大型语料库进行了全面搜索，提炼出了最具典型性的 15 条语言事实。字面上的语言事实虽只有 15 条，但字面下的语言事实却是不计其数的。

在对“诞辰”一词的古今考察中，邢先生往上追溯到了东汉，往下追踪到了今天，从古到今，时间跨度约两千年。文章虽篇幅短小，但读者可以在这浓缩的小天地里了解“诞辰”漫长的历史，知晓“诞辰”的古今用法。

再如，邢先生在对“诞辰多少周年”这种结构模式进行探究时，还涉及了他在 2003 年第 8 期《咬文嚼字》专栏讨论的结果，以及 2011 年 4 月国内一份关于语言文字规范的规定，可见，邢先生对“诞辰多少周年”这种说法的关注之长，思考之久，见解之深。

《“诞辰”古今演化辨察》研究的虽只是一个词，这个词代表的只是一个语言事实、一个语言现象，映射的却是一种语言理论、一种语言哲学。纵观

"诞辰"一词古今演变的轨迹可知，语言不是一成不变的，语言是发展变化的。语言是时代和社会的产物，语言的产生、发展和消亡与一个时代、一个社会密不可分。时代在变化，社会在发展，语言也会随之发生演变。语言工作者应与时俱进，应用发展的眼光来看待语言问题，应尽可能全面地观察语言事实，不能拘泥于古法。

语言是不断发展演变的，所以在语言规范化的问题上，语言学家也应用发展的眼光来评判某些词语是否规范。正如陆俭明先生所说："语言学家没有'规范'的权利，只有'圆'的义务，说得好听点，只有重新分析、解释的义务。"① 即邢先生所概括的"语言学家不是语言的指挥官，而是语言的解说员"②。

《"诞辰"古今演化辨察》虽只是国学宝库中的一滴水，但"一滴水能见太阳的光辉"，一个小小的"诞辰"也折射出中华民族几千年的灿烂文化。

近年来，随着中国综合国力的迅速提升与国际影响力的日益增强，国学日渐成为表述中国文化的主词。2006 年 1 月 10 日，《光明日报》(国学版)的创刊词中明确写道："国学是中国人的精神家园。这个'家'很大。它不仅凝聚了五千年的文明历史，也将承载十三亿中国人的未来。"

邢先生在《国学精魂与现代语学》一文中强调：讨论国学，不是要回归到国故，而是为了弘扬国学的精魂，即以现代意识为前导，弘扬国学优良学风、深刻学理和有用成果，让国学精魂与现代意识结合起来，有利于实现民族文化的振兴，有利于助产中国特色的学问。

《"诞辰"古今演化辨察》一文，邢先生国学传授的"小"具体为篇幅小和题目小，邢先生国学传授的"大"具体为内涵大和意义大。文章以"诞辰"一词的古今辨察，展现了中华民族精美的汉字、悠久的历史、灿烂的文化，实现了弘扬国学精魂、发展国学理论，服务当今中国的目标。邢先生借小题目，表现大思想，在以小见大、小中有大的潜移默化中教育读者、熏陶读者、影响读者。

2017 年 11 月 5 日，《光明日报》(语言文字版) 刊登了邢先生的《看得懂，信得过，用得上——学风和文风的"九字诀"》。文中，邢先生指出："看得懂"就是作者心里要有读者，所写的文章要让读者读起来感到通畅易

---

① 陆俭明：《要力挽狂澜》，《咬文嚼字》2003 年第 8 期，第 38 页。

② 张瑜琨：《邢福义：语言学家只能当导游，不能当警察》，《长江商报》2011 年 5 月 16 日，第 7 版。

懂；“信得过”就是作者手里要掌握足够的论据，写作语言研究文章，要提倡语言事实引用的“从众观”，语言具有社会性，在断定有没有、对不对之类问题时，一定要坚持“从众观”，一定要跳出“个人泳池”，到“社会大海”中去获取答案；“用得上”就是写文章的目的在于打动读者，影响读者。

邢先生说，清初学者张潮在《幽梦影》中之所写，发人深思，引人入胜：“藏书不难，能看为难；看书不难，能读为难；读书不难，能用为难；用书不难，能记为难。”意思是说，能收藏很多好书真的很难，但要能一本本地看，就更难；推演下去，一本本地读懂，还要难；再推演下去，把读书之所得用到自己的生活、工作当中，这是难上加难；又再推演下去，把自己读书用书过程中的点点滴滴，包括失败和成功、教训和经验统统记住，这更是非凡之难。做到了统统能记，就能融会贯通，就能成为了不起的胜利者。

第四节　结　语

2015 年 4 月 2 日《光明日报》(国家社科基金版）刊登了邢先生的文章《学术研究不妨多点“小题大做”》。邢先生说：如何才能写好一篇文章？关键是选题。什么样的题目才是好选题呢？

首先是题目要小。小是为了能够对问题做穷尽性的发掘，保证把文章写得深入透彻。小到什么程度？或者针对一个事实，或者针对一个事实的某个侧面，或者针对一个事实某个侧面的有代表性的现象。

其次是涵量要大。大是为了存有可以大做的空间。所谓“涵量大”，一方面对内具有可掘性，好比开矿，想要开掘的地点有丰富的缊藏；另一方面，对外具有引发力，可以由此及彼，带动连贯性、系列性的追踪研究。

例如，“不亦乐乎”。《论语》开篇《学而》里的一个句群：“学而时习之，不亦说乎？有朋自远方来，不亦乐乎？人不知而不愠，不亦君子乎？”其中的“不亦乐乎”是一直活跃的一个句法结构。

2017 年 2 月 11 日《光明日报》(国学版）刊登了邢先生的《关于“不亦乐乎”》一文。邢先生通过考证发现，文言文里“不亦乐乎”是个高频小句。其中，形容词“乐”可由“重”“远”“难”“善”“晚”“厚”“谬”“美”等典型形容词充当，也可由别类词，如动词、助动词、名词等具有表意的描写性和评判性的词语充当。在“乐”这个位置上，可使用双音节或多音节结构，即可为双音动宾结构、三音节状心结构、四音节主谓结构、五音节定心结构、六音节心补结构、七音节联合结构等。总之，不管多少音节，都在语义上跟形容词有所关联。

“不亦乐乎”中的“乎”，是个用于发问的句末语气助词，基本上相当于现今的“吗”。按约定俗成的原则，凡是前面为“不亦乐”时，句末都用“乎”。这是因为，“不亦乐乎”是“千古首屈一指的孔圣人”（文康《儿女英雄传》用语）之语录，已被定格。

然而，当“不亦X乎”中的X不是“乐”的时候，句末也常用别的语气助词，通常可用“哉”“矣”“欤”“也”“邪”“耶”“焉”或“夫”等，也有复用“矣乎”的，还有句末不用语气助词的。所有这些都反映了语言运用的多样性。

“不亦乐乎”中的“不亦”，“不”是否定副词，“亦”是语气副词。笼统地说，“不亦”在小句中都充当状语，但处在不同层次之上，即，“亦”修饰“X”，而“不”修饰“不X”，其层次为“不亦｜X”。关于“亦”：“不亦X乎”，通常不能不用“亦”。据邢先生观察，只有在两种情况下，“亦”字才有可能不出现。其一，说成“岂不X乎”。如，“岂不美乎”大体可以说成“不亦美乎”。其二，“不X乎”中X用四个音节的“太+形容词”。如，“不太迫乎”，大体可以说成“不亦太迫乎”。关于“不”：“不亦X乎”，通常不说“无亦X乎”。但也并非绝对如此。“无亦X乎”中的X，也有双音节或者多音节的。“无”本为表示否定的判断动词，而“不”是个否定副词。但是，在语言发展过程中，“无”有时向副词转化，因此，二者有时通用。如，《论语》中的“君子食无求饱，居无求安”，《汉书》中就写成了“居不求安，食不求饱”。当然，“无亦X乎”的说法属于弱势说法，但是毕竟是形成了事实的说法。

文言中的“不亦乐乎”，在白话作品中摇身一变，变出了一种新的用法，这就是充当补语，表示极度，口气夸张，如“吃得个不亦乐乎”“闹他一个不亦乐乎”“互相斗了个不亦乐乎”等。“不亦乐乎”用作补语的说法，已经进入了修辞上夸张辞格的范畴。总体上说，用来渲染痛快满足的感觉，甚至用来强调难以言表的极度。今天，我们使用的“不亦乐乎”已经词汇化，它是作为一个整体来显示其修辞效果的，已经在《现代汉语词典》《新华成语词典》等辞书中以词条形式出现。

又如，“最”字的研究。权威的《汉语大词典》和《现代汉语词典》对这个词的解释都是：“副词。表示某种属性超过所有同类的人和事物。”作为词典，这个解释无可非议。然而，到底怎样才是“最”？可以称之为“最”的人物，是不是唯一的位居第一的人物？“最……之一”的说法是不是病句呢？

邢先生经考察得知，“最 X”有的属于客观性表述，是一种科学性的数字式认定，如：

（3）中国是全世界人口最多的国家。

有的属于主观性表述，是一种情绪性的认定，如：

（4）你老欺负人，世界上就你最坏！

在尊重客观事实的表述中，“最 X”可以形成一个“最”义级层，所涵容的人物可以是多个体的，如：

（5）中国当代最负盛名的一批作家，如郭沫若、茅盾、巴金、老舍、叶圣陶、冰心、孙犁、萧乾、王蒙等等，都曾将他们的力作交由百花文艺出版社出版。（《小说家》1998 年第 4 期封底）

这里，指出“最负盛名”的作家有“一批”，列出了 9 个名字，而且加了“等等”。这是“最”义级层涵容多个体的典型例子。

2000 年，邢先生在《中国语文》上发表《“最”级层的多个体涵量》一文，对现当代作品中“最”的使用情况做过全面描述；2014 年，邢先生又在《语文研究》上发表《汉语事实在论证中的有效描述》一文，用大量例子进一步证明同类用法自古有之。例如在文言作品中：

（6）有十子，靖、庄最知名。（《周书》卷四二）

在近古白话作品中：

（7）在城里有乌、吴、莫三位这等一班最关切的人。（《儿女英雄传》三六回）

“最”的指称对象都是二人及以上。既然“最”所涵容的人物可以是多个体，便不一定是位居第一的人物，如：

（8）这是北京第二座最大的王府，仅比怡亲王允祥的府邸略小一点。（二月河《雍正皇帝》）

此例等于说北京有两座最大的王府，怡亲王府邸是第一，“这”是第二。

既然“最”所涵容的人物可以是多个体，“之一”的说法便可以成立，如：

（9）她在外贸局是最穷的人之一。（方方《白雾》）

之所以用“最……之一”，显然是考虑了表述准确的分寸。

诚然，在汉语语法系统中，“最”的含义和用法是个很小的题目，但如果不付出时间和精力去“小题大做”，人们的认识就会停留在模糊的原点。

邢先生强调：第一，任何学科领域都存在无法计数的盲点。不断解除盲点，学科才能不断走向成熟。而盲点的解除，需要下苦功“小题大做”。第二，“小题大做”最能锻炼一个人的研究能力。只要“小题大做”形成习惯，由此及彼一步步走下去，必能形成自己的研究特点和风格，成为学术俊士。

2003 年 8 月，《咬文嚼字》设立了专栏，对“‘百年诞辰’还是‘诞辰百年’”的说法进行了大讨论。该栏目刊登了语言学者们的 8 篇短文。其中，认为“诞辰百年”不能说的有 2 篇，认为“诞辰百年”和“百年诞辰”都不能说的有 2 篇，认为“诞辰百年”和“百年诞辰”都能说的有 4 篇（作者分别为邢福义、何令祖、邵敬敏和张斌）。最后，《咬文嚼字》的编者附言：“本刊认为这两种说法已经经受了几十年的语言实践的考验，在表达上没有出现什么问题，而且语言学家也正在努力从理论上把它们说‘圆’，因此，本刊的态度是赞成两说并存。”

当时，邢先生主张“百年诞辰”和“诞辰百年”都能说的理由，主要有三点：

第一，不要孤立地讨论“百年诞辰”和“诞辰百年”。语言结构的使用落实于句子，受到句法环境或句域环境的管控。“百年诞辰”固然可以成立，但“诞辰百年”一类说法不一定不能成立。

第二，把语言规范问题绝对化，一定要在此和彼之中判定一对一错，这不符合语言事实，也根本影响不了广大群众的语言运用。

第三，从语言片段在句子中的结构配置看，当数量词“百年”之类是两个音节的时候，偏向于用在“诞辰”前；当数量词多于两个音节的时候，偏向于用在“诞辰”后。邢先生的这三点理由，实际上反映了他的三种研究理论，即“句管控”理论、“语言的发展观”和“语言的群众观”。

此后，邢先生对“诞辰”一词一直都在追踪探究。他细致地考察了 1981—2012 年《人民日报》的所有语料，对“诞辰”一词古今含义的演化进行了深入发掘，于 2012 年 4 月 16 日在《光明日报》（国学版）上发表了《“诞辰”古今演化辨察》一文。该文通过对前后 31 年《人民日报》语料库穷尽性的搜索，通过对“诞辰”古今义“表里值”的深究，发现：在古代，“诞辰”一词是名词，即生日的意思，但其出现晚于“生日”；在现代，“诞辰”一词有时候是动词，即诞生的意思，出现了“诞辰日”“诞辰多少周年”的说法，如：

(10) 孔子的诞辰日那天，就是苏州的阅读节。（2012 年 1 月 6 日）

(11) 颁奖仪式定于 2013 年 3 月 3 日唐弢诞辰日进行。（2012 年 3 月 22 日）

(12) 今年是鲁迅逝世60周年和法国文学家罗曼·罗兰诞辰130周年。(1996年2月25日)

因此，邢先生的结论是：经过漫长时间的擦磨，在现代汉语“诞辰日”和“诞辰多少周年”的说法中，“诞辰”已经动词化，不再等同于“生日”。并且，通过对31年《人民日报》语言料库的搜索得知：“诞辰多少周年”的说法明显多于“多少周年诞辰”，“诞辰多少周年”的使用频率也压倒了“诞生多少周年”。

邢先生这一新发现用强有力的语言事实证明了“百年诞辰”和“诞辰百年”这两种说法都存在，即“百年诞辰”中的“诞辰”是名词，“诞辰百年”中的“诞辰”是动词。在古代只作名词的“诞辰”，在现代汉语里演化成了两种词性，即一直沿用的名词用法和语法化了的动词用法。而且，他对“诞辰”词性演变的现象给予了理性的解释，从理论上将“两说并存说”说“圆”了。

“诞辰”是文言词语，不在群众口头上经常使用，现代人大多数对“辰”字含义的理解相对模糊，因而使用“诞辰日”说法时，只管语用的需求，而不考虑其原本表示什么意思。当人们要表达对地位崇高人物的崇敬之情时，或是为了展现出词语组配的匀称美时，就会广泛使用“诞辰日”一词。

同时，邢先生还对“诞辰多少周年”的使用频率越来越高的现象给予了解释。他认为，这主要是因为句法组织的类化。比如“海南建省多少周年、西藏通车多少周年、茅盾去世多少周年”等说法常见于举行庆祝活动、纪念活动的场合。类化开来，“诞辰多少周年”之类说法便出现了，流行起来了。又因为“诞辰”更适合用于特别值得尊崇的人物，因而格式“诞辰多少周年”使用频率压倒了“诞生多少周年”。

纵观“诞辰”一词古今演变的轨迹可知：

第一，“诞辰”无论是用在“百年诞辰”，还是用在“诞辰百年”中，都是符合汉语规则的，都是规范的表达方式。

第二，语言到底规范不规范，不是一成不变的。语言是时代和社会的产物，语言表达是否规范应该结合具体的时代和社会来进行评判。当我们判断某种语言表达是否规范时，应该用发展的眼光，尽可能全面地观察语言事实，不能拘泥于古法。

第三，在语言规范化的问题上，语言学家不是语言的指挥官，而是语言的解说员。

既然语言是动态的、发展的，那么，是不是强调、提倡汉语规范就没有用了呢？陆俭明先生在《要力挽狂澜》一文中说："不，为了祖国语言的健康和纯洁，还得时时强调规范，提倡汉语规范化。政府有关机构要大力宣传，语言工作者要责无旁贷、义不容辞地负起做好汉语规范化工作的责任来，但更重要的是希望媒体、出版界、广告界，特别是希望有影响的报刊、出版物，高举汉语规范化的大旗，把好汉语言文字规范这个关。"①

既然语言是动态的、发展的，那么，是不是语言规范就应该是静态的，一成不变的呢？田小琳先生说："过去，我是编写全国通用的中学语文教材的，是严格遵守语言文字规范的，觉得语言文字的规范是一成不变的，不可越雷池一步，否则便看不惯。其实，规范也会随着语言生活的变化而变化，随着语言生活的丰富而丰富。规范不仅要考虑中国内地，也要考虑两岸四地的其他三地，甚至要考虑海外华人社区，因为大家都是炎黄子孙，都在使用现代汉语。"②

既然语言规范是必须强调和提倡的，那么，是不是一定要在彼和此中判定一对一错呢？张斌先生说："不，两种不同的意见并不一定是对立的，有时属于两可。比如或者区分'的'和'地'，或者不加区分，只用'的'。这两种意见可以并行不悖。"③ 邢先生说："把语言规范问题绝对化，这是不符合语言事实的。比如'十载寒窗'和'寒窗十载'，'小猫跳上锅台'和'锅台跳上小猫'等等，都可以在不同语境中为了适应不同的表述需要而选用，并不存在一对一错的问题。"④

既然语言规范是必须强调和提倡的，那么语言工作者如何才能做好语言规范的工作呢？张斌先生说："语言工作者的任务在于依据语言发展的规律，预计实践的结果，提出恰当的建议，这样有助于语言的合理的发展。例如几十年前有人提倡区分'的'和'底'，于是就有人要求中学教材中加入这方面的内容。由于语言学家指出这是不切实际的措施，才避免了浪费学生的精力。"邢福义先生说："我们对新的东西始终都要持欢迎的态度。新东西肯定有它存在的价值，这是符合事物优胜劣汰的规律。语言工作者在研究语言时，要与时俱进，要用发展的眼光来看待语言的规范问题。"

---

① 陆俭明：《要力挽狂澜》，《咬文嚼字》2003 年第 8 期，第 38 页。

② 田小琳：《社区词和港式中文——香港社会独特的语言现象》，2012 年 4 月 7 日在华中师范大学的学术报告。

③ 张斌：《历史的启示》，《咬文嚼字》2003 年第 8 期，第 46 页。

④ 邢福义：《三点意思》，《咬文嚼字》2003 年第 8 期，第 43 页。

2016年2月21日，邢先生在《光明日报》(语言文字版)发表了《莫写“新型”错别字》一文，提出“如何正确书写某些汉字的繁体”这个新问题。

1997年，邢先生在看电视连续剧《逃之恋》时，看到了剧中有蔡锷的字幅：“上馬擊狂鬍，下馬草軍書。”该剧从头到尾，只要是女主角小凤仙居住的地方都出现了这两条字幅，屏幕上还常常通过特写镜头放大出来让观众看。

《现代汉语词典》试用本于1973年由商务印书馆出版，那时该词典解释“胡”字时就已明确地分为四个词条：【胡[1]】①古代泛称北方和西方的外族：胡人。②古代称来自北方和西方外族的东西，也泛指来自国外的东西：胡琴｜胡桃｜胡椒｜胡萝卜。【胡[2]】副词，表示随意乱来：胡闹｜胡说。【胡[3]】〈书〉疑问词，为什么、何故；胡不归？【胡[4]】(鬍)胡须。

四类“胡”字，只有第四类表示“胡须”的“胡”才有繁体的“鬍”，其他三类“胡”字本来就写作“胡”，跟胡须无关。

邢先生认为，蔡锷用繁体字书写，这符合历史背景，完全正确。然而，把“狂胡”写成“狂鬍”，却是电视剧制作者的错。蔡锷本人绝对不会这么写。“上马击狂胡，下马草军书”，引自宋代陆游的《观大散关图有感》，“狂胡”即猖狂的胡人，指金兵，是不能写成“狂鬍”的。

2015年12月下旬，邢先生在看电视连续剧《十里香大酒坊》第12集时，忽然发现“十裏香”的写法。电视中大门正面的招牌“十裏香大酒坊”和“十裏香分店”，连续不断地扑入眼帘；运酒马车插上大红旗，上面写着“十裏香大酒坊”，迎风飘动；贴在酒罐上的红条子，全都写着“十裏香酒坊”。

邢先生说，《十里香大酒坊》是让现代人看的，字幕全用规范简体字，这完全正确；这部电视剧说的是从清朝末年开始的事情，为了符合历史事实，酒坊的名称和招牌用繁体字书写，也是完全正确的。问题在于，“十里香”的“里”可以写成“裏”吗？

经考察，邢先生发现，有时“里”就是“里”，不能写成“裏”。这样的“里”有两种：其一，量词，为计算长度的度量衡单位，使用频率很高；其二，跟家乡或街巷意思相同或相近的用字。有时“里”的繁体是“裏”，这样的“里”，一般是跟“外”相对的方位词。方位词包括里外、左、右、上、下、前、后、东、西、南、北等，如：

(13) 在晴空万里的大好天气里，都能一直走到一块吗？(郁秀《花季雨季》)

(14) 李自成离开校场大约走了十里山路，来到了一个湾子里。(姚雪垠《李自成》第一卷)

前例和后例都出现两个“里”，但只有“天气里”和“湾子里”，才可以在必要的时候写成“天氣裏”和“灣子裏”；“万里”和“十里”，不能写作“萬裏”和“十裏”。

“十里香大酒坊”的“里”是表示长度的度量衡单位，“十里香”等于说“香十里”，强调酒特别香，香气飘得很远很远。这是一种修辞上的夸张用法。在唐诗宋词里，“十里香”和“香十里”就已经出现了。

邢先生说，从“狂飆”到“十裏香”，都不是电脑的呆板转换，也不是小学生的幼稚手笔。说白了，都是我们在高级层次上犯了低级错误。从主观上讲，是制片人和相关工作者的问题；从客观上讲，会在文化素养这一侧面有损于民族的形象和尊严！

邢先生呼吁，文明的社会，一定会珍惜和保护自己的语言文字，绝对不容许轻率和糟蹋。提高文化素养，是国家和民族的大事。

邢先生建议，相关部门应关心这件事，采取多种多样的办法去解决。比方说，组织编写具有针对性的小册子，推向学校，推向社会，推向媒体；又比方说，电视台开展娱乐活动时特意安排纠错节目，如此等等。

第十章　当今国学的高度关注

2004 年新时期的国学热在中国真正兴起，2006 年 1 月 10 日，《光明日报》正式创办国学版专栏。2011 年 8 月，为了纪念《光明日报》（国学版）创刊五周年，商务印书馆特出版了两本书——《国学精华编》和《国学访谈录》。邢先生的《“国学”和“新国学”》一文均被收录其中。

在《“国学”和“新国学”》一文中，邢先生重点探讨了在原义国学的基础上衍生出来的新国学，即当今国学。文中对当今国学丰富的内涵、产生的背景及发展的道路进行了独到的审视与阐释，对当今国学的传播平台给予了充分肯定。

第一节　探讨当今国学的丰富内涵

在《国学精魂与现代语学》一文中，邢先生站在现代语学的基点上对国学的内涵进行了考察，强调指出：中国的国学，不仅有静态的定格了的国故，还有动态的涌流着的国学精魂。静态的国故，就语言文字学而言，主要指的是文字学、训诂学和音韵学。动态的国学精魂，主要指的是优良学风、深刻学理和优秀学术成果。跟文字学、训诂学、音韵学等相比较，无论广度还是深度，中国现代语学的面貌都是全新的。邢先生提出：一定要以现代意识为前导，弘扬国学优良学风、深刻学理和有用成果，让国学精魂与现代意识结合起来，达到古为今用，从而实现民族文化的振兴，助产中国特色学问的形成。

《国学精魂与现代语学》发表于 2006 年 8 月 8 日，邢先生对国学的内涵进行了静态和动态的考察，应该说，在国学内涵的阐释上已经比较全面了。但近几年来，随着观察的深入、思考的深化，邢先生认为，从今天的实际情况看，学者们并非固守原来的国学阵地，而是在新的起点上研究国学，做继承创新的促进派，因此，国学的内涵已不再是静止不变的，而是动态发展的，并且在客观上中国已然形成了新国学这个概念。

新国学是与原义国学相对比而存在的。原义国学专指国故，范围相对确定，词典里可以列出词条加以解释。《辞海》的解释是："国学犹言国故，指本国固有的学术文化。"国故属于历史，是固有事物，因此常有整理国故的说法。其范围涵盖哲学、史学、文学、考古学、中医学、语言学等方面的学问。

然而，新国学却是当今中国在继承原义国学的基础上发展起来的国学，范围十分宽泛，而且正处在形成和演变之中，想要确认其内涵与外延，恐怕还需要若干年。从概念上，新国学和原义国学二者之间的关系是并列，其上位概念都是国学。这样，国学就有了狭义和广义两个含义。狭义国学是指原义国学；广义国学则是指包括原义国学在内的新国学，即当今国学。

中国文字博物馆首任馆长冯其庸先生说：每个时代都有每个时代的国学。每个时代的国学，都是在前代国学的基础上发展起来的，今天我们研究的国学，就是涵盖以往任何时代的中国学术。今天我们研究的国学，国学的领域扩大了，这就是大国学的概念，与此同时，这也是国学的新拓展新进步，所以大国学就是新国学①。

国家图书馆名誉馆长任继愈先生说：千万不能把国学只当作国故，那样的话，国学就只是过去的、古老的东西，成了一个故事堆。国学就是传统文化。文化的特点是它像流水一样不容易隔断。这种文化的继生性特点对于一个国家和民族来说是无法否认的。没有传统就没有今天，大家都是在旧文化的基础上建设新文化②。

以上三位先生都明确指出当今国学已不再是过去的原义国学了。冯先生的当今国学是大国学、新国学，任先生的当今国学是在国故的基础上建设起来的新文化，与邢先生的当今国学是新国学其实是一个意思，都是说当今国学是在原义国学的基础上继承和发展了的国学。

邢先生文中的原义国学与当今国学的异同比较，如表10-1所示。

---

① 冯其庸：《大国学即新国学》，《光明日报》（国学版）2008年10月13日，第10版。

② 任继愈：《国学与二十一世纪》，《光明日报》（国学版）2006年1月10日，第5版。

表 10-1　原义国学与当今国学的异同比较

异同比较		原义国学	当今国学
不同点	内涵	专指国故，即本国固有的学术文化。	在继承原义国学的基础上发展起来的新国学。
	范围	范围相对确定，词典里可以列出词条，加以解释。	范围十分宽泛，正处在形成和演变之中，其内涵与外延还很难确定。
	状态	相对静止的状态。	变化演展的状态。
	特点	古典化、本土化。	不仅具有古典属性、本土属性，而且讲求现代化和国际化。
相同点		二者的上位概念都是国学，都与中国的传统文化息息相关。	

第二节　思索当今国学的产生背景

每个国家都有自己的学术文化，但并不是每个国家都会形成并提出“国学”这个概念。邢先生认为，中国之所以会出现这个概念，主要原因有以下几点。

一是，中国的学术文化有上下数千年的历史渊源。

二是，中国传统的学术文化辉煌灿烂，且具有独特性和多样性，有益于全人类。

三是，在特定的历史背景下，中国的古代学术文化面临外学的挑战，处于被欺凌、被排挤的状态。

正如邢先生所指出的：当年，西学东渐，国学的概念是在西学的强烈侵逼下提出来的。今天，我们又一次面对西学的侵逼，就语言学而言，其严重程度比当年更强，强到几乎要让人高呼，警惕中国成为某一个国家的学术殖民地或半殖民地！这一背景决定了国学热潮在我们国家发展的新时期中又一次掀了起来。当今兴起的国学热潮，既有利于中华文化的伟大复兴，又有利于助产具有中国特色的学术流派。这一点意义极为重大。新国学的巨大生命力，就在于此。

光明日报社总编辑胡占凡先生说：国学是中华文化在应对西方文化过程

中逐渐成长起来的一种新型学术传统①。

中国社会科学院研究员余敦康先生说：《光明日报》（国学版）是在国学热中创刊的，而国学热的兴起是和中华民族文化复兴的宏观历史背景密切联结的②。

当代著名哲学史家陈来先生说：国学热有助于破除“西方文化中心主义”及其文化霸权对我们的影响。……当代的国学热提示着中华民族自我意识的觉醒，体现了民族自尊与自信的高扬，开启了民族文化的自觉，这对于中华民族的复兴是有极其重要意义的③。

许嘉璐先生认为，近年来，国学在争辩声中渐渐复兴。这实为势所必然。国学之复兴，是民族的需要，是追求“非物质”“非肢体”享受者的需要。因为非物质的精神和信仰，犹如空气和水，人人须臾皆有，时时不得离；而作为民族文化的核心，从来是代代相传，难以中止，又与时俱进的④。

北京大学哲学系教授汤一介先生说，国学的提出实际是从清末开始的。当时我们国势衰微，西学传入。西学是强势文化，是带着武力，依靠船坚炮利传入。正因为有西学的传入，才有国学的提法，不然国学很难普及⑤。

北京大学国学研究院院长袁行霈先生说，1840 年以后，中国的一些有志之士向西方寻找救亡图存之道，西学东渐成为社会的潮流。在这个过程中一部分学者担心自己国家固有的学术文化衰微，遂又提倡国学⑥。

第三节　发掘当今国学的发展道路

我们中国与世界上别的国家的历史有很大的不同，真正几千年不断的只有我们一家。任继愈先生说，怎么让中国的文化获得新发展，开拓出新局面，这是我们的任务。

陈来先生说，当前所谓国学热的出现和流行，对于中华民族复兴的进

---

① 胡占凡：《办好“国学”版　建设中华民族共有精神家园》，《国学访谈录》，商务印书馆 2011 年版，第 6 页。

② 余敦康：《我看国学热》，《国学访谈录》，商务印书馆 2011 年版，第 9 页。

③ 陈来：《如何看待国学热》，《光明日报》（国学版）2010 年 8 月 2 日，第 12 版。

④ 许嘉璐：《国学访谈录·序》，《国学访谈录》，商务印书馆 2011 年版，第 1 页。

⑤ 汤一介：《国学与二十一世纪》，商务印书馆 2011 年版，第 2 页。

⑥ 袁行霈：《国学与二十一世纪》，商务印书馆 2011 年版，第 3 页。

程，对中国现代化的深入开展，对社会和谐的实现，都是必然的，也是合理的、积极的，应当予以充分的肯定和支持。但是，传统文化并不是包治百病的药方，传统文化并不能解决我们现实生活遇到的一切问题。传统文化只是我们的文化根基，在其基础上如何建构起适应人民需要的现代政治、经济法律、文化体系，发展政治文明、持续经济增长、健全法制生活，繁荣文化发展，需要全社会的创造性的努力。同时也需要通过适时的引导，帮助人民分辨传统文化的精华与糟粕，分辨永久的价值和过时的东西，使传统文化的资源更能够结合时代的要求发挥其作用①。

邢先生认为，当今国学的发展和繁荣，不仅要向古代学习，而且要向西方学习，要让外国理论融入国学中，成为充实当今国学内容的潜在力量。“古为今用，洋为中用”，这是永远正确的一条原则。其中的“今”和“中”，指的就是当今中国。从古代承传下来的理论也好，从外洋引移而来的理论也好，都必须统一到服务于当今中国的应用实践上面来。

对当今国学，尤其是汉语语言学，如何处理与外来理论的关系，邢先生进行了重点发掘。他强调：外来理论对于中国汉语语言学的发展非常重要。百余年来，没有外来理论的引进，就没有中国汉语语言学的今天。但是，仅仅引进是不行的，引进和汉化必须成为历史征程中先后衔接的两大阶段。引进是第一个大阶段，汉化是第二个大阶段。引进的重点在于把国外理论应用于汉语研究，举出若干汉语例子来加以演绎；汉化即中国化，重点在于让国外理论在汉语事实中定根生发，使国外理论融入汉语研究的整体需求，从而建立起适合于汉语研究的理论和方法。

“我国汉语拼音之父”周有光先生在 105 岁那年接受记者采访时说，研究古代的东西他是赞成的，要注意的一点是，复兴华夏文化，重要的不是文化复古，而是文化更新；不是以传统替代现代文化，而是以传统辅助现代文化。具体怎么做，多数人认为应当符合三点要求：提高水平——整理和研究要用科学方法，适应现代——不作玄虚空谈、重视实用创造，扩大传播——用现代语文解释和翻译古代著作。

袁行霈先生说：国学是几千年积累下来的内容十分丰富的学问，不要以实用主义的态度对待它。如果仅仅满足于从国学中寻找某些对工商管理、金融、经济、公关等有用的技巧和方法，那就太简单化了。国学能丰富人的精神世界，增强民族的凝聚力，协调人和自然的关系以及人和人的关系，能促

① 陈来：《如何看待国学热》，《光明日报》（国学版）2010 年 8 月 2 日，第 12 版。

使人把自己掌握的技术用到造福于人类的正道上来，这是人文无用之大用①。

时下人们的物质生活越来越丰富，而人的思维却越来越肤浅，国学可以使人们沉静下来，重新审视自己的生活。吴根友、张三夕两位先生认为，现代社会物质生活的趋同性往往导致精神生活的同一性，使得现代人的生活非常平面化、单调化，国学中所具有的博大精深的文化艺术内容，恰恰能为中国人提供丰富多彩的精神生活模式，避免成为一种“单向度的人”。中国人要想建立不同于西方人的现代生活模式，恰恰可以从国学中汲取无穷的支援意识②。

如今，外来文化、网络文化等所谓流行文化对孩子们的影响越来越大，不少孩子不但在文化素养方面出现严重营养不良，还不同程度地表现出浮躁、自私、好逸恶劳等不良心态。学习传统文化可以为孩子们打亮生命的底色，让他们在中华传统文化的滋养中健康地成长。张为才先生说：中华传统文化内涵丰富，广博精微。国学经典是传统文化的载体，是我们不可或缺的精神力量。让孩子们诵读经典就是让他们以博大精深的中华传统文化为基础，站得更高，行得更远。诵读国学经典不能包治百病，但诵读经典对一个人品格的形成、知识结构的构建或多或少会产生一定影响。国学经典对人的影响会随着一个人阅历的丰富越来越明显，越来越深刻，甚至会影响人的一生③。

许嘉璐先生说得好：任何民族文化，总是从与异质文化的接触、冲撞和相互吸收中获得前进的动力和营养的。在这个过程中关键是要有自身文化的主体性。……中西哲学是两个不同形态的哲学。我们不能因为没有西方以知识为中心的哲学就妄自菲薄，认为自家就没有哲学，更不能用西方背景下的哲学观念硬套中国固有的哲学。哲学本无固定的形态，不同的文化背景凸显不同的哲学形态，而哲学自身也在发展变化。我们当下的工作是在现有的语境下深入挖掘中国特有的哲学智慧，而不是跟在西方哲学的后面亦步亦趋，随便比附。否则，我们将无法使我们传统哲学所蕴含的广大精深的智慧开显出来。……在几乎完全被动，被强势文化压得抬不起头，因而多少带些盲目

---

① 袁行霈：《国学与二十一世纪》，《国学精华编》，商务印书馆 2011 年版，第 6 页。

② 吴根友、张三夕：《国学提供“支援意识”》，《光明日报》2006 年 10 月 31 日，第 5 版。

③ 张为才：《国学给莱西的孩子带来什么》，《光明日报》（国学版）2008 年 5 月 5 日，第 12 版。

性时，如果思维没有浸透自己文化的核心（宇宙观、方法论等）并通观人类历史进程，就难免穿着高跟鞋扭秧歌，按咏叹调的旋律唱《打龙袍》①。

许先生的这一席话，也是在说，在被西方强势文化压得抬不起头来的当今中国，必须有自己独特的民族文化，必须弘扬自强不息的民族精神，必须走自主创新的文化之路。

第四节　肯定当今国学的传播平台

2006 年 1 月 15 日，《光明日报》创办了国学版。五年来，国学版以新中国成立以来主流媒体唯一的国学专刊的方式，不仅客观地反映国学热，及时地报道国学热，全方位地观察国学热，而且实际参与其中。2007 年 11 月，组织实施《三字经》修订工程，引发了社会上对诵读经典、“四书”进课堂等问题的热烈讨论；2009 年 4 月，在国内率先开辟《解读清华简》专栏，赢得海内外学界的高度关注；2009 年 12 月，率先发起国学学科问题讨论，引发了包括有关部委、大学校长以及百余位学者在内的社会各界人士的持续关注；2011 年 3 月起，开辟《中国路径》专栏，实际推动中国文化、中国哲学于当代的主体性建构。

邢先生对“当今国学”传播的重要平台——《光明日报》(国学版)，给予了充分肯定。在《“国学”和“新国学”》一文中，他说：《光明日报》(国学版）的创刊，有如一石激起千层浪，引起了学术界、教育界以及社会各界众多人士的高度关注。……《光明日报》(国学版）可以用“影响巨大”来评价。《礼记·中庸》：“博学之，审问之，慎思之，明辨之，笃行之。”这几个小句，很能表达国学版五年来在视野、思路、策划、作为等方面给广大读者留下的深刻印象。

五年来，国学版的确已经赢得了广大作者的信任与读者的爱戴，成为传播中华传统文化的重要平台。汤一介教授说：《光明日报》(国学版）创刊已经五年了，它对推动国学的研究和对中国传统文化的普及起到了很好的作用，受到了广大读者的欢迎。

五年来，国学版一直坚持着“新闻纸上办学术”的特色之路。清华大学李学勤教授说：由于报纸出刊及时，流传普及，给了学术界很大的帮助。

---

① 许嘉璐：《国学访谈录·序》，《国学访谈录》，商务印书馆 2011 年版，第 3 页。

《光明日报》（国学版）在这几年国学热中所起的重大作用，是大家周知的[1]。

西北大学名誉校长张岂之先生说：五年来，《光明日报》开设国学专版，传播新知，振奋精神，反映了我国传统文化研究和普及的进展情况，沾溉学林，为人瞩目，已无须赘言[2]。

如果说当今国学是一座重岩叠嶂、水深林茂的大山，那么，邢先生就是一群富有远见卓识向导中的一个。他通过《“国学”和“新国学”》一文，向读者深入浅出地介绍了当今国学的现状及其发展。邢先生的介绍条理清晰，语言纯朴，娓娓道来，引人入胜。文章虽短，只有六个自然段，但全文充满了理性的思考，客观的评介。在短小的篇幅里，评介了当今国学复杂的形貌。邢先生双脚牢牢地站在中国汉语的泥土上，两眼时刻关注着当今全球的发展，时刻关注着中国国学的走向，这种胸怀当代的精神令我们读者由衷地钦佩和赞叹。

第五节　结　语

中华文化是中华民族生命根源之所在。中国传统文化是中华民族精神得以形成的主要土壤和环境。中国传统文化既有阳春白雪，也有下里巴人。邢先生认为，语言学家研究语言现象，不仅要研究人民群众所使用的书面语，而且要研究人民群众所使用的口头语；不仅要研究高雅的国学名言，而且要研究俚俗的平民口语。2012年8月27日，邢先生在《光明日报》（国学版）上发表了《俚俗化北味说法“一＋名”》一文，充分体现了他对当代平民语言的关注与尊重。

邢先生并没有把“一＋名”当作孤立的语法现象去分析它的语法规律，而是把“一＋名”放到民众生活的沃土中去考察。如文中，邢先生特意指出，“一＋名”这种俚俗北味说法，来源于北京“平民”的口头语言，现已被中国的普遍民众使用开来。这种民众集体传承的口头俗语，通俗明快，轻松活泼，富有鲜明的生活化和质朴性，与文雅庄重的书面语言有显著差别，如：

---

① 李学勤：《报纸上的学术文章要力求简明》，《国学访谈录》，商务印书馆2011年版，第12页。

② 张岂之：《关于国学的两点看法》，《国学访谈录》，商务印书馆2011年版，第10页。

(1) 咱也是一俗人。
(2) 整个儿一二五眼。
(3) 您是一大夫是吧?
(4) 他是一老绝户。
(5) 红头胀脸的是一大胡子。
(6) 我就是一骚客。
(7) 我就是一傻波依。
(8) 你就是一这样的人啊!
(9) 你在我眼里就是一英雄。
(10) 天生就是一娘们。
(11) 我就是一无赖。
(12) 我就是一文坛老农。
(13) 我也整个儿一母猪眼。
(14) 整个儿一傻X。
(15) 不是人,整个儿一造粪机器。
(16) 整个儿一花花公子纨绔子弟。
(17) 整个儿一人精。
(18) 整个儿一显摆。
(19) 安辰整个儿就是一醋坛子。
(20) 我的腿整个儿就是一象腿。

"一+名"这种"数+名"结构现已在局部范围内时髦了起来,形成了一种带有"北味"的大众口语说法,体现了以北京"平民"为代表的北方人说话所特有的情味。

《俚俗化北味说法"一+名"》关注的是北京中下层平民口头上普遍使用的一种语法格式,即"一+名"的现象。"一+名"这种现象,是数词与名词直接组合使用、中间不出现量词的现象;是不同于现代通常使用的"一+量+名"的语言现象。"一+名"这种与众不同的现象,现已在局部范围内流行起来。

邢先生为了深入考察"一+名"和"一+量+名"结构的使用情况,特意采用了上古的《论语》和现代朱自清的散文《荷塘月色》作为语料,进行分析比较发现:"一+名"是古代普遍使用的语法模式;"一+量+名"是现代普遍使用的语法模式。

为何古代普遍使用的语法模式"一+名",在今天的中国局部范围内竟

“时髦”起来，成了一种带有“北味”的大众口语说法呢？于是，邢先生又对“一+名”这种语法格式进行了古今串视。

邢先生指出，“一+名”这种结构模式里，有的说法是原本就有的，有的说法是新潮北味说法。原有说法，如一直以来，都在广泛使用的“一人”，剧本中人物对话之间通过括号插入的习用性表述“一士兵上”中的“一士兵”，文言色彩较重的话语“妾一妇人，少更世事”（姚雪垠的《李自成》）中的“一妇人”，诗句形式的话语“万马军中一小丫，颜似露润月季花”（曲波的《林海雪原》）中的“一小丫”。

新潮北味说法，主要是指一种带有“北味”的大众口语说法。其中，“北味”指以北京平民为代表的北方人说话所显示的情味。如王朔在《美人赠我蒙汗药》这篇小说中，连续使用“一俗人”：“有一阵子，满世界都是‘咱也是一俗人’，就是想捞钱，想成为大众明星，怎么啦？……咱也是一俗人，是调侃，也是无奈；是自贱，也是贱人。”在这里，“一俗人”成了自我调侃的俚俗用语。同时，新潮北味说法，并不局限于北方官话区的作家，在其他方言区的作家笔下也可以见到。事实表明，北味“一+名”已经融进了共同语，已经在不大为人所注意的情况下，成了共同语里一种具有特定语用价值的用法。

邢先生认为，平民语言是一种口头语言，是民众口头流传的活的语言，通俗明快，轻松活泼，具有口语化、俚俗化的特点。语言是文化的符号，文化是语言的管轨。平民文化，是以平民为核心，使用平民喜闻乐见的语言，来表达平民的所思所想，所见所闻。因此，平民语言是研究平民文化的一个有力工具。平民因没有或很少接受文字教育的机会，其语言主要是口头传承，口语化、俚俗化成为平民语言区别于上流社会语言的重要特征。

尽管平民语言充满了口语化、俚俗化的特点，尽管平民文化是种俗文化，不能登上大雅之堂，但邢先生认为，平民文化和平民语言生于民间，长于民间，没有经过主流意识的疏导和规范，没有经过文化精英的加工改造，却充满着乡土气息，饱含着民众精神，涵蕴着丰富的生活共识。如关于“一+名”这种方言语法格式的美，邢先生在文中指出：“语言运用的雅与俗，都具有美学意义。雅有雅的美，俗有俗的美。看电视连续剧，每一听到操着京腔的人物使用‘一+名’结构，都觉得别有一番风味。”王朔在《美人赠我蒙汗药》也曾明确指出：“这种格式就是供大伙儿一乐的俏皮话，就是这么一种东西。”

邢先生在《俚俗化北味说法“一+名”》一文中还指出：“方言一直在

推动着共同语语法的渐变性发展。比方说，南片方言语法前些年奉献了‘有没有＋动’问句。例如，‘你有没有去过三亚?’又比方说，以北京话为代表的北方方言，本来就是共同语的基础方言，现如今又奉献了新潮‘一＋名’结构。南片方言语法和北味方言语法，现已成为共同语里具有特定语用价值的用法了。”

邢先生的这段话，充分说明了方言语法也是共同语语法发展的推动力之一。方言语法与共同语语法不是互相排斥的关系，而是相互促进的关系。

邢先生说：“现代汉语语法，包括现代汉语里的共同语语法和方言语法。现代汉语教材，以讲解现代汉语共同语为内容，因而语法部分介绍的是现代汉语共同语语法。但是，应该注意，方言语法现象具有多方面的重要价值。仅就汉语的学习和研究而言，深入开展方言语法的调查研究工作很有必要，在历时纵线上可以深化我们对汉语语法发展史的认识，在共时平面上可以深化我们对现代汉语共同语语法的认识，从而让我们对‘整体汉语’的了解更为明晰，更为透彻。”

邢先生认为，汉语方言是汉语的大宝库，汉语方言是中华文化的活化石。1999 年 4 月 5 日，《现代汉语方言大词典》的出版座谈会在人民大会堂举行，邢先生应邀参加，并以《汉语方言的百宝箱》为题做了一个简短的发言。在发言中，邢先生说，人们常说，汉语方言是汉语的一个大宝库；那么，他个人认为，《现代汉语方言大词典》便是汉语方言的一个百宝箱。他认为，这部两千多万字的方言大词典，既以部头大显示了它犹如百科全书般包罗万象，更以质量高表明了它在学术上和实用上的价值。这部方言大词典的价值，绝不限于方言研究本身，它对于推进整个汉语语言学和普遍语言学的发展具有重大意义，对于从人类学、社会学、文化学、民俗学、民族学、历史学等角度来研究中国问题，对于运用现代科技手段来分析和处理汉语问题，也大有裨益。

方言确实是中华文化的活化石，因为方言承载着正在流传的民间文化。方言与人民群众生活紧密相关，反映出人民群众的生活状况与价值观念，凝聚着人民群众的智慧和经验。透过方言，可以洞见彼时彼地的文化风尚、世俗人情，从而领悟到若干中华民族博大精深的文化内涵。

方言学家詹伯慧先生在《跟进语文发展　善待语文资源——跟青年朋友谈语文学习》一文中说：我们国家有 56 个说着不同语言的民族，汉族还存在着色彩缤纷的各种汉语方言，这些自然都属于语言资源。所以说，应该在“地大物博，人口众多”后边再加上“语言丰富”这几个字，这是完全符合实际、毫不夸张的。语言资源如此丰富，我们一要大力开采，二要善于对待，使丰富多彩的语言和方言，都能在我们的经济腾飞和社会发展中充分发挥作用。

2016 年 5 月 17 日，习近平总书记在哲学社会科学工作座谈会上发表了极其重要的长篇讲话。讲话气势磅礴，涉及面甚广，其中强调了必须加快构建中国特色哲学社会科学。习近平总书记指出：哲学社会科学的特色、风格、气派，是发展到一定阶段的产物，是成熟的标志，是实力的象征，也是自信的体现。要着力构建中国特色哲学社会科学，充分体现中国特色、中国风格、中国气派。

邢先生在学习了总书记的讲话后，结合自己的专业语法研究，撰写了《自信有为　构建特色——学习习近平总书记在哲学社会科学工作座谈会上的重要讲话》一文，发表在 2016 年的《光明日报》（国学版）上。

目前，中国语言学突出问题主要表现在两个方面：一方面，创新性理论不多，原创性学说缺乏；另一方面，醉心摩登，急于求成，弄虚作假也随之泛滥。

邢先生提出，要想在建设一流学科中有所作为，最重要的一点是，必须在自强自立、敢于锻造中国学派上狠下功夫。

邢先生说，个人的力量微不足道，世上没有一个可以包打天下的好汉。好像“众”字，需要三个“人”字互相支撑，彼此协作，矗立起铁塔式形象。学科的建设和发展，需要的正是一种“众”字精神和气势。一个学派的形成，起码需要三五十年，需要几代人的接力，绝对不能一蹴而就。从无到有，从小到大，这是事物发展的必由之路。现在，必须大声疾呼，要有一种学派的意识，要有一种形成学派的追求。有没有这个开端，至关重要。正像一部大剧，没有序幕，就不会有剧情的发展。

学科的发展，映射伟大的民族精神。尽管需要时日，然而，中国的语言学家，有志气也有能力创建有中国特色的汉语语言学，形成自己的学术流派。邢先生深信，中国正在阔步走向世界，中国的语言学也必将阔步走向世界。

1997 年，东北师范大学出版社出版了邢先生的《汉语语法学》，该书曾获得全国高校社会科学成果一等奖和中国图书奖。2016 年，又由商务印书馆出版修订本；同时，英国著名的有 200 多年历史的泰勒弗朗西斯出版集团及其所属的有 180 多年历史的卢德里奇出版社出版了英译本。邢先生在修订本自序中写道：

学术交流，文化沟通，彼此尊重，互促共进，这是当代国家发展、社会进步、学术繁荣的全球性总趋势。我国语言学界，一方面大力引进国外理论，并且努力使之适应中华水土，融入中华学术；另一方面，也尽力于让国人之成果走出国门，在国际上亮亮相。也许，目前的亮相还做不到抢眼，但是，不是今年过后还有明年，明年过后还有后年、后年的后年吗？

根据《国家社会科学基金管理办法》的有关规定，全国哲学社会科学规划办公室近年来新设立了国家社会科学基金中华学术外译项目。这一决定正确果敢，犹如号角，令人鼓舞，应是中华文化伟大复兴的战略性举措。2015 年 12 月 31 日，外译项目立项名单公布，邢先生的《汉语语法学》（修订本），由华中师范大学外国语学院王勇教授领头，译成英文，获批立项。截至 2023 年，邢先生的多部研究成果已被翻译成英、俄、法、日、韩等多种文字。

正如邢先生在文中所强调的，中华民族是伟大的民族。现在，中国已经进入大振兴时代，正在阔步走向世界。尽管需要时日，只要坚持不懈，中国的语言学也定是能够有所作为的。

附录　选文十篇

国学精魂与现代语学

邢福义

谢谢各位出席今天这个讲演会。我对国学没有什么研究。从1956年留校任教起，50年来我的主攻方向始终是现代汉语语言学，特别是现代汉语语法学。研究问题的过程中，自然会涉及其他方面的学问，诸如逻辑学、文化学以及国学的某些论说，不过，都只是接触到一点点皮毛。我现在讲“国学精魂与现代语学”，不是要对“国学”本身进行深入的阐发，而是想站在现代语学的基点上，观察国学精魂对于中国现代语学发展的价值。学问是相通的。我相信，中国现代语学可以如此，中国其他现代学问大概也可以如此。

一、国学的定格和涌流

站在现代语学的时间位置上审视，国学既是静态的，又是动态的。

我们应该知道，国学已经定格在了中国历史的框架之上。这是国学静态的一面。

就语言学而言，属于国学范围的，主要有文字学、训诂学和音韵学。离今已有两千多年的西周的国学建在国都里。上学就读的子弟，八岁进小学，学习时间为七年；十五岁入大学，当时称为“太学”，学习时间为九年。学生入小学，从识字开始，最基本的课程便是文字学。古人分析汉字，归纳出“指事、象形、形声、会意、转注、假借”六种条例，叫作“六书”。小学里，要教“六书”。由于文字学跟小学存在这种联系，便很自然地形成一种借代用法，“小学”被用来代指文字学。后来，到了隋唐，“小学”范围有所扩大，把训诂学和音韵学也包括了进来。这也很自然。因为，文字学不仅研究文字的形体结构，而且要研究字义和字音，这就关联到了训诂学和音韵学。那么，中国的现代语言学，是什么时候开始的呢？

1898年，马建忠《马氏文通》出版。这是中国第一部系统的语法学著作，从基本倾向上看，是套用国外语法学体系，根据汉语情况略加增减修补，建构了汉语语法学体系。这部著作的出版，成了中国现代语言学的开端。百余年来，特别是近二十余年来，中国的语言学经过多次分分合合，范围已经大大拓展，形成了四大分支。其一，汉语汉字研究，一般统称为汉语言文字学；其二，语言理论与语言应用研究，一般统称为语言学及应用语言学；其三，少数民族语言研究，通常简称为民族语言研究；其四，外国语言研究，其研究对象是属于外国的种种语言。四大分支内部，又分别包含不同层级的学科，如果算到现代汉语语法学这一级，研究领域便有数十个之多。国学意义上的文字、训诂、音韵等，都已为第一分支所包涵，成了汉语汉字研究的部分内容。这就是说，作为传统语言学的"小学"，已经退出中国现代语言学结构系统，成了一个历史概念。

然而，我们更应该知道，国学精魂一直涌流在中国文化承传的长河之中。这是国学动态的一面。

国学精魂何在？我个人以为，学风、学理和学术成果，是国学精魂的三大组成部分。国学有反映民族性格特征的朴实学风，我们一般理解为"朴学精神"；国学有反映民族认知结晶的深刻学理，蕴藏量大，开掘空间广阔；国学有多方面重要的学术成果，为世人了解中国的社会、历史、文化传统奉献了极其宝贵的论断。这三者共同显示了中华学术文化的"根"，体现着中华学术文化的"源"，绵延着中华学术文化的"流"。

在实际工作中，搞现代研究的人，不可能断离与国学研究的联系，这正是国学动态性影响的实据。我说个小故事。前几年我到某地开会，会后十来个朋友一起来到当地出名的一个饺子馆。饺子各种各样，服务员一样一样地上。最后一道饺子，每个只有豌豆那么大，服务员把它们放到火锅里，让顾客们自己捞。很有礼貌的服务员小姐，站在桌子旁边，甜美地"做广告"："捞到一个，一帆风顺；捞到两个，好事成双；捞到三个，三羊开泰；捞到四个，四季常青；捞到五个，五谷丰登；捞到六个，六六大顺；捞到七个，七星照耀；捞到八个，八仙过海；捞到九个，天长地久；捞到十个，十全十美。"说到这里，她停顿了下来。有悬念了！火锅里滚动着的那么小那么轻的饺子，哪能容易捞到？别说捞到十个九个，即使捞到三个两个，也极困难。这时，大家很自然地特别关心一个问题：要是一个也捞不到，怎么办？看到大家都急了，服务员小姐才笑吟吟地说："要是一个也没捞到呢？好呀，无忧无虑!”（哄堂大笑）老实说，这道饺子并不怎么好吃，然而，却让大家像玩游戏一样，吃得兴高采烈，笑逐颜开。这件事反映的是纯语言问题吗？不，这里负载着许多中华传统文化的信息。这只是现代汉语的问题吗？不，要解释好这里的语句，需要古代汉语的知识，需要国学的知识。

二、朴学精神的传承

“朴学”一词，最早见于《汉书·儒林传第五十八》中汉武帝和倪宽的对话里。《现代汉语词典》解释道：“朴学，朴实的学问。后来特指清代的考据学。”且不管其特指义，朴学精神表现为质朴、实在、讲实据、求实证，是国学中最具生命力的一种学风。如何传承朴学精神？我这里只说一点：要充分占有材料，据实思辨，不应疏而漏之。

比如数词“三”，别看就这么一个简单的字，从不同的角度去研究，可以做出这样那样的文章。仅以“定数和约数”“统数和序数”两个问题来说。

首先，应该知道“三”既可表示定数，又可表示约数。定数指确定的数，比如二加一等于三、四减一等于三的“三”；约数指不确定的数，又叫概数。表示约数的“三”，许多时候跟“多”相联系，我们一口气可以说出“三思而行、三令五申、推三阻四、一波三折、举一反三、三人成虎、三人行必有我师”等等例子。清代学者汪中写了一篇《释三九》，他说：“一奇、二偶，一二不可以为数；故三者，数之成也。”这一点，反映了汉民族的心理形态。但是，从现代汉语看，约数“三”是否都跟“多”相联系呢？不一定。有时反而表示“少”。比如，“三句话不离本行”。同是“三 X 两 Y”，“三心二意”表多，“三言两语”却表少；“三番两次”表多，“三拳两脚”却表少；“每天三碗两碗地吃肥肉”表示多，“每天只能赚到三块两块钱”却表少。显然，规约“三”的多与少，还有别的因素。这就是：跟“三”发生联系的事物，以及人们对事物的主观认知。只有认识这一点，对“三”的了解才能深化一步。

其次，应该知道“三”或者表示统数，或者表示序数。统数是表示数量多少的数，包括定数和约数；序数是表示次序先后的数。到底是表示统数还是表示序数，有时要结合特定的句域管控才能判定。比如，《三国演义》第五十六回“曹操大宴孔雀台　孔明三气周公瑾”，其中的“三”是序数；第三十七回“司马徽再荐名士　刘玄德三顾草庐”，其中的“三”却是统数。知道这一点很重要。有的时候，解释某些词语，比如“三羊开泰”，需要懂得统数和序数之间的转变关系。“三羊”怎么“开泰”？反过来说，“开泰”

怎么会跟“三羊”联系起来？原来，“羊”由“阳”演变而来。《易》中泰卦，下为三阳，表示阴消阳长，冬去春来。“三羊开泰”，本来是“三阳开泰”。利用同音关系，把“阳”变换为“羊”，可以增强言辞的语用价值。年历上、贺年片上、工艺品上，三羊组画，比“三阳”更具体、更形象、更有动感，因而更具感染力。怎么理解泰卦中的“三阳”呢？按古人对事物发展变化的认识，由于农历每年冬至那一日之后白天渐长，古人便认为冬至日标志着“一阳生”，而农历十二月是“二阳生”，新年正月便是“三阳生”。等于说，一过冬至，第一次阳气生发；进入农历十二月，第二次阳气生发；一到新年正月，第三次阳气生发，于是万事顺遂，安泰吉祥。可知，“三羊”（三只羊子）里的统数“三”，原本是“三阳”（第一、二、三次阳气相继生发）里的序数“三”。只有不仅知道从“阳”到“羊”的同音借用关系，而且知道连带而引发的从序数“三”到统数“三”的转化关系，才能透彻地理解“三羊开泰”。

吕叔湘先生写过这样的诗句：“文章写就供人读，何事苦营八阵图？洗尽铅华呈本色，梳装莫问入时无。”写诗时，吕先生已经将近 90 高龄。这位中国语学巨擘，他所希望的，正是承传一种“朴学”的学风。我想，这是一种“言传身教”吧?!

三、“辞达而已”的启示

子曰：“辞达而已矣。”朱熹《论语集注》：辞，取达意而止，不以富丽为工。《孔子大词典》：孔子认为辞的作用在于言事，因此辞不贵多，亦不贵少，皆取达意为上。我以为，从蕴含量之丰富看，“辞达而已”应是反映语言应用发展规律的一条深刻学理、一个基本原则。如何认识这一学理和原则？我分两个大方面来讲。

第一大方面：人们的语言运用，无处不体现“辞达而已”的原则。举些例子，略说三点。

首先，精准贴切的表达，是“辞达”。《红楼梦》第三十四回，写贾宝玉挨了他父亲的一顿好打，躺在床上不能动，薛宝钗跑到怡红院去看他，叹道：“早听人一句话，也不至有今日！别说老太太、太太心疼，就是我们看着，心里也……”刚说了半句，又忙咽住，不觉眼圈微红，双腮带赤，低头不语了。这里的“我们”是谁？就她自己。她是一个人，为什么要用一个复数形式？少女心态，不好意思嘛！“我们”二字，够精准的。（笑）曹禺的《雷雨》中，“劝药”那场戏里，周萍和周冲在父亲的命令下，劝繁漪喝药。

周萍说的是："听父亲的话吧，父亲的脾气你是知道的。"周冲说的是："您喝吧，为我喝一点吧，要不然，父亲的气是不会消的。"周冲用了第二人称代词的敬称形式，在那个家庭背景下，符合母子关系；而周萍则"低声"用了第二人称代词的一般形式，不自觉地流露了他与繁漪二人之间关系的暧昧。作者选用"你"和"您"，达意传情，可圈可点。

其次，夸张铺排的表达，也是一种"辞达"。李白《将进酒》："君不见黄河之水天上来，奔流到海不复回。"气势磅礴，感情奔放！假若你去当家庭教师，你当然必须告诉人家的孩子，黄河发源于青海巴颜喀拉山北麓卡日曲。然而，你不能据此而否定李白的诗句，说老李缺乏地理知识，"黄河之水"不是"天上来"的！（笑）杜甫《古柏行》："霜皮溜雨四十围，黛色参天二千尺。"宋代沈括按这个直径和长度计算了一下，然后说："无乃太细长乎？"（笑）如果这么做，李白《秋浦歌》中的"白发三千丈，缘愁似个长"，岂不也要问："无乃太长乎？"

再次，模糊概略的表达，也是一种"辞达"。《中篇小说选刊》2006 年第 2 期有一篇《打火机》，写一位女士野外游玩，喝了一大瓶水，想要小解，可是没有厕所。怎么办？"看看四周，天苍苍，野茫茫，风吹草低不见牛羊，好在也不见人，余真一猫腰钻进了草丛，回归大自然。"这么写，不仅"就地小便"的意思清楚了，而且显得特别有风趣！（笑）语言不是数目字，说话不是做算术。冯德英《苦菜花》里有这么一句："人都走光了，只剩下两个挑柴的。"难道挑柴的不是人？有一首歌，开头一句就是："世上只有妈妈好。"难道爸爸不好？钱锺书《围城》里有这么一句："苏小姐脸红，骂她：你这人最坏！"难道真的是她最坏？电视剧《都市放牛》中，南瓜买了一件小礼物送给喜妹，喜妹赌气说她想要金的银的，南瓜可怜巴巴地解释："喜妹，你知道我没钱！"这里的"没钱"就是钱少、钱不够的意思，喜妹一听就懂。要是南瓜说："喜妹，你知道我钱少！"这是不是很别扭？（笑）"秃头"就是没头发，也是个模糊概念。不要以为凡是"秃头"就一定一根头发也没有。远看看不见，近看只有一根，能说不是秃头吗？恐怕还是秃头！（大笑）

第二大方面：语言的变化发展，无时不受"辞达而已"原则的规约。也举些例子，略说三点。

首先，适应社会发展使用新词新义，是为了"辞达"。"下海"一词，《现代汉语词典》1983 年修改本里还只列出三个义项：1. 到海中去；2.（渔民）到海上（捕鱼）；3. 指业余戏剧演员成为职业演员。1996 年的

《现代汉语词典》修订本增加了一个新的义项——指放弃原来的工作而经营商业。现在，假若哪份报纸哪本杂志上有一篇文章题为“下海”，多数读者想到的肯定是经商做生意。近来，媒体上流行“粉丝”一词，来自英语的“fans”，有“狂热的迷恋者、狂热的崇拜者”之类意思。这个词，公文里、教科书上不宜使用，但在特殊场合，却有其特殊的作用。2006 年 5 月 17 日的《楚天都市报》上，有一篇短文《粉丝沙龙》，说的是真人真事。作者说，他妻子内退回家，十分苦恼，他鼓励妻开个粉丝小吃店，儿子大声叫好，挂出了一个“粉丝沙龙”的店牌。没两天，突然进来十多个男孩女孩，出高价钱包店，说“铁杆粉丝”在“粉丝沙龙”搞聚会，够味！从此，生意出奇地火爆。作者叹道：此“粉丝”非彼“粉丝”，没想到此“粉丝”引来那么多的彼“粉丝”，让妻乐得合不拢嘴！（笑）

其次，适应表达需要选用句法结构，也是为了“辞达”。句子可以变换结构。两次春节联欢晚会上，冯巩出场总是对观众说：“我想死你们了！”到了 2005 年的春节联欢晚会，节目主持人要求他不能重复这个句子，他顺口而出：“你们让我想死了！”同一个意思，还有一种说法。琼瑶小说《哑妻》中，这么描写雪儿见到爸爸的情形：雪儿望着父亲，然后垂下头去，找了一根树枝，在地上写：“你是我爸爸？”柳静言点点头，雪儿又看了他好一会儿，然后写：“爸爸，你想死我们了！”母女俩年年月月想着的是“你”，现在面对着的正是“你”，因此，最迫切的是要把“你”先说出来，然后再接上“想死我们了”。

再次，根据表述要求变动同音字来组造语句，也是为了“辞达”。常言：“舍不了孩子套不住狼。”为了套狼，宁可牺牲孩子，这合理吗？可怜天下父母心啊！《语文建设》发表过一篇《因声起意与流俗词源》的文章，作者指出：这里的“孩子”可能是“鞋子”的讹读。因为，在一些方言区中，“鞋子”就读成“hái zi”这条俗语应为“舍不得鞋子套不着狼”。在一次国际会议上，我特别提到了这一点。讨论时，有位新加坡学者提问：“量小非君子，无毒不丈夫”中的“毒”，有没有可能是由“度”演化而来的？我认为很有可能。“量小非君子”和“无度不丈夫”，互文见义，也可以说成“量小非丈夫，无度不君子”。是否如此，尚待求证，但无论如何，肯定都是能够引发思考的好假设。那么，如果假设得到证实，是否导致对“舍不了孩子套不住狼”和“无毒不丈夫”的否定和舍弃呢？不是。这类夸张性说法，经历了语言运用的时间考验，在历史发展中已经定型，所表达的意思已经十分清楚。以“舍不了孩子套不住狼”来说，是否合乎人情的理据已经淡化，不再成为需要深究的话题，人们已然接受了凸显出来的意思，这就是：必须作出重大的牺牲，否则就无法取胜。

理论越精辟，话语越简短。两千多年前，孔老夫子就已为我们提出了有关语言的一条纲领性的原则：辞达而已。一语破的。这一原则，可以用来建构语用学和修辞学，也可以用来解释词汇的发展和语法格式的演变。中国传统文化的宝库中，像“辞达而已”这样的精辟论断，应不在少。

四、中国语学的特色探求

中国语言研究，应该旗帜鲜明：面向世界，面向时代需求；根在中国，根在民族土壤。我们重视学习和借鉴国外理论方法。在这一点上，要承认自己的落后，要看到自己同别人之间的差距，要把握研究工作的先进走向。作为汉语研究工作者，我们又应该重视“研究植根于汉语泥土，理论生发于汉语事实”。讨论国学，不是要回归到国故，而是为了弘扬国学的精魂。把学习别人长处和创建自己特色结合起来，处理好“向”和“根”的关系，才有可能真正出现与国际接轨的局面。

我们应该旗帜鲜明地提倡形成语言学的中国学派，提倡、探求和凸显中国语学的特色。

古为今用、外为中用，这无疑是正确的选择。国故意义上的国学，无力因而也不能直接促进国家文化的大发展；纯引进意义上的今学，也总避免不了水土不服的缺憾。无可怀疑，跟文字、训诂、音韵等相比较，无论广度还是深度，中国现代语学的面貌都是全新的。但是，在国际学术交往中，却显露了明显的弱点，比如原创性学说缺乏、创新性理论不多、学术风格不明朗，因而处于弱势地位，根本无法跟别人平等对话。说千道万，中国语学要得到长足发展，最重要的是提倡形成“语言学的中国学派”。2004 年，《汉语学报》发表了《以学派意识看汉语研究》的文章，作者指出：学派是学术研究领域走向成熟、发达和繁荣的标志，所谓学术的繁荣，就是学派、流派之间的竞争的果实。伟大的思想，只能在学派的争鸣与摩擦中产生。汉语研究中学派的形势不明朗，这是一个事实。没有学派，就没有该学科的国际地位；没有国际地位，则从根本上取消了我们的国际交流的话语权。这篇文章发表以后，产生了相当大的反响。

要形成语言学的中国学派，就必须强调语言研究的自主创新。什么叫创新？创新本身就是一种独创性的行为或成果，本来就是“自主”的！可是，如果这么咬文嚼字，绝对是十足的书呆子气。正如国学是相对西学侵逼而提出的概念一样，“自主”创新针对的是“他主”创新。提出“自主创新”，是在高屋建瓴，是在主张弘扬民族智慧，是在强调国家兴盛之“大我”。许多人喜欢读金庸小说，我是其中一个。王重阳和林朝英原是一对天造地设的佳偶，却没有结合，这是因为二人武功既高，自负益甚，一直至死，争竞之心始终不消。林朝英创出了克制全真武功的《玉女心经》，而王重阳不甘服输，又将《九阴真经》刻在墓中。只是他自思《玉女心经》为林朝英自创，自己却依傍前人的遗书，相较之下，实逊一筹。王重阳很清醒，作出了“自创”高于“依傍”别人的判断。

只要形成了语言学的中国学派，自然而然就会出现中国特色的语言学。科学无国界，这话绝对正确。不过，要看怎么理解“科学”和“无国界”。“中国特色数学”“中国特色化学”“中国特色物理学”的确不能说，然而，是否可以用此来证明“中国特色美学”“中国特色史学”“中国特色政治经济学”也不能说呢？好像不可以。且别说人文社会科学，即使是属于工科的建筑学，由于跟社会因素人文因素有很深的渊源，也完全可以提“中国特色建筑学”。至于“无国界”，是否就等于说任何门类的学科都没有国家特色或民族特色呢？是否也可以理解为科学属于全人类，科学成果为全人类所共享呢？语言学是一门具有社会性和人文性的学科，提“中国特色”是无可指摘的。在国家提倡振兴民族文化之时，强调“中国特色”，更有导向性的作用。

当然，中国语学要形成和凸显自己的特色，绝非易事，需要做长期而艰苦的探求工作。1996 年 6 月 10 日，季羡林先生为“中国现代语言学丛书”作序，其中指出：下一个世纪的前 20 年，甚至在更长的时间内，都是我们探求的时期。我们必然能够找到“中国的特色”。只要先擒这个“王”，我们语言学的前途，正未可限量。1999 年 6 月 29 日，季先生为他所主编的“20 世纪现代汉语语法八大家选集”作序，又接着上面的话题写道：但是，问题的关键在于：怎样探求？向哪个方向探求？我不揣庸陋，想补充两点。第一点是，要从思维模式东西方不同的高度来把握汉语的特点；第二点是，按照陈寅恪先生的意见，要在对汉语和与汉语同一语系的诸语言对比研究的基础上，来抽绎出汉语的真正的特点。能做到这两步，对汉语语法的根本特点才能搔到痒处。

最后，我讲几句话，作为结束语。

第一，一个国家有没有自己的学术特点，意味着一个国家有没有自己的强劲文化；一个没有自己强劲文化的国家，意味着国际交流中发言权完全掌握在他人手里，自己只能驯服于他人的指指点点。目前，中国对外文化交流的严重入超提醒我们，需要大声疾呼振兴自己的文化。

第二，中国有灿烂的文化，这不是历史教科书上僵硬了的几个汉字，也不是仅供观赏的历史化石，而是可以滚动起来的一江长长活水。以现代意识为前导，弘扬国学优良学风、深刻学理和有用成果，让国学精魂与现代意识结合起来，有利于实现民族文化的振兴，有利于助产中国特色的学问。

第三，中国学术，包括中国现代语学，应该也可以对世界学术作出贡献。《光明日报》2006年3月23日发表《中国语言研究的民族性与世界性》一文，文中几句话说得特别好：世界性与民族性是事物的一体两面，表面对立，实则统一。有鲜明的民族性，才有真正的世界性。没有各民族深入挖掘、慷慨奉献本民族的优质元素，就无法打造出内涵丰富、形式多样、色彩斑斓的世界性。

第四，学术的繁荣，表现为“百花齐放”。容忍“百花齐放”，是一种学术度量。百花中，任何色样的花，都是一个品种，都应受到尊重。学术上的不同意见，不要过早肯定或否定。有的意见，看似互不相容，实则有可能殊途同归，将来会形成互补。对于一个学者来说，既要善于学习别人，又要善于塑造自己。

请让我再次提到金庸的作品。金庸笔下，有个老顽童。他爱“拜师”，只要看到别人有新招，即使对方是十七八岁的小青年、小女孩，他都要“我拜你为师”；但是，他又爱“自创”，潜心于自己琢磨，“双手互搏”呀，“空明拳”呀，创造出了许多令人意想不到的招式。此公开始中等偏上，后来武功奇高。结果呢，在“东邪、西狂、南僧、北侠、中顽童”的新“评估”中，占据中心位置，成了五绝之首的“中顽童”。（笑）这个文学形象，也许能够启发我们思考点什么。王充《论衡·实知篇》：“不学不成，不问不知。”张载《经学理窟·学大原下篇》：“学贵自悟，守旧无功。”我想，多多咀嚼这类格言，对我们的继承创新会大有好处。我的发言就到这里，谢谢各位！（热烈的掌声）

（原载《光明日报》2006年8月8日第5版）

“救火”一词说古道今

邢福义

“救命”是命被救，等于说挽救生命；“救火”不是火被救。就词语结构成分之间的关系而言，“救命、救人”这一类型更为多见，比方“买菜、卖花、送信、取款”等等都是。然而，“救火”说法自古有之。这个语言形式，最早见于相传为春秋时左丘明所著的《国语》。如，“于是吕甥、冀芮畏逼，悔纳文公，谋作乱，将以己丑焚公宫，公出救火而遂杀之”。题目中的“一词”，是个笼统说法。严格地讲，“救火”应称为“词语”。因为，即使现代汉语里已经成了一个词，但在古代，特别是在初始出现的时候，应是一个短语。

现代汉语里，“救火”相当常用。有意思的是，火与水都能成灾，但现代人只说“救火”，没听到过有说“救水”的。查现当代作品，看不到“救水”；查明清时代的作品，也看不到“救水”。《现代汉语词典》里，只有“救火”的词条，没有“救水”的词条。这是为什么？想来应跟“人力可控”的语义特征有关。在一般情况下，在一定范围内燃烧起来的火是人力可控的，因此可以说“灭火”，也可以说“救火”，而就生活中通常情况来说，突然汹涌而至的大水人力很难管控，因此，既不能说“灭水”，也不能说“救水”。

然而，对于语言的使用状况，不能下绝对化的结论。查古代典籍，也可以看到“救水”说法，尽管很少。情况有二：其一，反映一种迷信的习俗。罗竹风主编《汉语大词典》既收了“救火”的词条，也收了“救水”的词条。对于“救水”，该词典解释道：古代迷信，遇水灾时，必击鼓祈祷，激发阳气以救治，称“救水”。《穀梁传·庄公二十五年》：“救日以鼓兵，救水以鼓众。”范宁注：“救水以鼓众者，谓击鼓聚众也，皆所以发阳也。”明杨慎《秋大水鼓用牲于社于门》：“日之食人力不可救也，故鼓以充阳也。水之灾，人力可救也，鼓庸愈哉！”（《汉语大词典》第五卷，汉语大词典出版社2001年版，第452—453页）其二，跟“救火”用法基本相同，即通过导水疏水救人救物。这一点，《汉语大词典》没有提及。例如：“至于期日之夜，赵氏杀其守堤之吏而决其水灌知伯军。知伯军救水而乱，韩、魏翼而击之，襄子将卒犯其前，大败知伯之军而擒知伯。”（《韩非子》）其他书中，比如《战国策》《淮南子》和《资治通鉴》，也有对这一事件的叙述，也都出现了

“救水”。值得注意的是，前面我们说，对于汹涌而至的大水，人力难控，这是就生活中突发的一般情况来说的，而杨慎《秋大水鼓用牲于社于门》中“水之灾，人力可救也”，却是就有组织有领导地开展群体性救灾活动来说的，二者并不矛盾。《韩非子》等书中的“救水”，可以看作反映群体救治水患的特定用法。在今天，假设在一栋大楼里，某个房间忽然水管破裂，造成水淹事故，是否可能有人会扒在窗口“救水啊救水啊”地大声呼叫呢？既然古代曾经有过这种说法，现在由于情急而不加思索地脱口而出，不是完全没有可能。尽管通常大家都不这么说，但作为偶发性的说法，似应用特殊眼光看待，思考其偶发的原因，不必简单化地认定为“病句”。

“救火”的意思是“灭火”。从动词和宾语的关系看，“灭火”中“火”是“灭”的对象，“救火”中“火”却不是“救”的对象。正如“恢复体力”和“恢复疲劳”，“体力”是“恢复”的对象，“疲劳”却不是“恢复”的对象。然而，从使用频率看，“救火”的频率要高于“灭火”。《三国志》里，“救火”出现5次，“灭火”只出现1次；《三国演义》里，“救火”出现9次，“灭火”却未出现。我们有一个近代白话作品小语料库，包括《水浒传》《西游记》《红楼梦》《儿女英雄传》等等44部作品，搜查可知，用“救火”的有62句，用“灭火”的只有14句。我们又有一个现当代作品小语料库，基本上包括了“五四”以来到现在的著名作品，搜查可知，用“救火”的有78句，用“灭火”的只有42句。究其原因，“救火”强调“救”，是通过灭火以救人救物，目的性更强，积极意义更大。

从使用场合看，“救火”和“灭火”有时语用价值有所不同。《三国志》：“众人以为救火者必无罪，皆附左；王以为不救火者非助乱，救火乃实贼也。”这里用“救火”，这是一个灭火以救人救物的语境，若把“救火”换成“灭火”，不能显豁地表达意思。《三国志》：“臣闻扬汤止沸，不如灭火去薪，溃痈虽痛，胜于养肉，及溺呼船，悔之无及。”这里用“灭火”。“灭火”与“去薪”连用，若说成“救火去薪”，便不顺畅妥帖。情况相似的，是“救生”和“救死”。

如果说“救火”和“灭火”都是使火灭，那么“救生”和“救死”则都是使人活。它们也有不同的语用价值，往往适用于不同语境。王朔《浮出海面》：“我拐进浓荫蔽日的浴场路，穿着泳装的少女仨仨俩俩吮着冰糕来回溜达，挎着救生圈的孩子成群结队光着脚丫打闹跑过。”老舍《集外》：“海中人已不多，剩下零散的人头，与救生船上的红旗，一块上下摆动……”这里用“救生”。“救生圈、救生船”，若说成“救死圈、救死船”，便不吉祥，不会有人乐意使用。然而，并非什么时候都是“救生”才合适。毛泽东《蒋介石政府已处在全民的包围中》：“其结果，就是极端的通货膨胀，空前的物价高涨，民族工商业日益破产，劳动群众和公教人员的生活日益恶化。这种情形，迫使各阶层人民不得不团结起来为救死而斗争。”这里用了“救死”，强调了挽救民族的灭亡。若说成“救生”，便不能凸显原意。王朔《你非俗人》：“一个救死扶伤的医生怎么能怕自己传染上疾病?”这里用了“救死扶伤”。这个说法，由于“死”和“伤”照应使用，如果说成“救生扶伤”，语句便会失去协调感。

末了，还应该指出，“救火”除了“灭火”的含义，古代还有一个用法，即作为萤火虫的别名。这见于李时珍《本草纲目·虫三·萤火》，请参看罗竹风主编《汉语大词典》(第五卷，第 453 页)。“语言是文化的符号，文化是语言的管轨。”(邢福义主编《文化语言学》修订本第一版序，湖北教育出版社 2000 年版）把古今语言现象联系起来观察词语的使用，有助于更好地了解我国语言的丰富灵活，更好地了解我国语言的文化含量。

(原载《光明日报》2007 年 2 月 1 日第 9 版)

“人定胜天”　一语话今古

邢福义

“人定胜天”表示的是什么意思？其结构关系如何分析？笔者作过一次小调查。基本要求是：请用单竖线“|”把“人定胜天”这个小句的主语部分和谓语部分隔开。结果，出现了两种分析。分析一：把单竖线划在“人”和“定胜天”之间，共 28 人；分析二：把单竖线划在“人定”和“胜天”之间，共 2 人。接受调查者都是高层次或较高层次的知识分子，包括本科生、硕士生、博士生和大学教授。如果问问一般群众对这一词语的理解，得到的回答肯定是向“分析一”一边倒。

古代原本用法，“人定胜天”的意思是“分析二”。这一点，凡是涉及古代汉语的词典，以及各种成语词典，都做了解释。比如，《辞海》解释道：人定，犹言人谋，谓人的意志和力量可以战胜自然。刘过《襄阳歌》：“人定兮胜天，半壁久无胡日月。”刘祁《归潜志》十二：“人定亦能胜天。”按《逸周书·文传》：“人强胜天”亦此意。又作“人众胜天”，见《史记·伍子胥列传》(缩印本，第 306 页)。观察可知：第一，“人定”和“胜天”之间可以出现把二者隔开的语言成分，包括“兮、亦能”等；第二，学者们把“人定”看作一个结构单位，往往用“人谋、人强、人众”等来训释。可见，“人定”首先发生组合关系，然后才跟“胜天”发生组合关系。再看两个实际用例：例一，人定者胜天，天定亦能胜人，惟元帅察之(《宋史·列传第一百三十》)。例二，语云：天定胜人，人定亦能胜天(徐枕亚《玉梨魂》第十四章)。前一例，对举使用“人定胜天”和“天定胜人”，“人定”和“胜天”之间出现了“者”，“天定”和“胜人”之间出现了“亦能”；后一例，对举使用“天定胜人”和“人定胜天”，“人定”和“胜天”之间出现了“亦能”。

现代通常用法，“人定胜天”的意思是“分析一”。这一用法的产生和流行，有其外因和内因。一方面，受到社会发展的影响，这是外因。到底开始于什么时候，还无法确认，但可以肯定，在强调战天斗地的火热时期，这一用法成了一个口号，一种指导人们行动的思想，深入人心。《人民日报》发表过一篇《人定胜天——记河北省人民的抗旱斗争》的文章，其中写道：“天大旱，人大干，夺取丰收不靠天”的豪迈声音，时时鼓舞着我们，使我们强烈地感到，有了党的领导，群众发动起来了，自然灾害再猖狂，也一定能够战胜它。(1975 年 12 月 23 日)这正是历史的记录。另一方面，受到语言本身演化的影响，这是内因。时代的发展，引发人们对语言理解的变化，人们不会固守古人的原本用法。今天，当说“人定胜天”的时候，人们大都会根据对“定”、对“胜”的最熟悉的用法来理解。例如：最具权威性的《现代汉语词典》，从试用本到 2005 年的第 5 版，都把“人定胜天”解释为“人力能够战胜自然”，“人/定/胜/天”分别同“人力/能够/战胜/自然”相对应。一开始便参与和领导这部词典编纂工作的学者，比如丁声树先生和吕叔湘先生，都是饱学之士，他们不会不知道古代原本用法，但是在这部现代汉语中型词典中，他们只提了现代通常用法。

在对事物的认识和表述上，两种用法有不同的观点取向。作为一种表述方式，古代原本用法可以称之为客观理性式，即客观地看待和评价“人”与“天”之间的强弱关系，认为二者孰强孰弱可以相互转化，显得头脑冷静，富于理性。古文根底深厚的现代人，有时也会在这个意义上使用。例如：只知道人定胜天，而不知道天定胜人，同样是错误的(徐特立《怎样发展我们的自然科学》)。相对地，作为一种表述方式，现代通常用法可以称之为主观意志式，即强调人的主观能动作用，激励人们凭借自己的力量去改造大自然，充满豪情壮志。例如：如今的年轻人已很难想象那个时代人们的激情以及由此而产生的力量。……那是一种人定胜天的豪情壮志，一种信仰的力量；那是一种自觉的奉献，一种快乐的劳动。当然，主观意志式毕竟反映的是人的主观愿望，并不等于就是事实。如果头脑发热，认为一定会这样，那就会带来不良的后果。下面这个例子，反映了一种冷静的反思：我们曾经一度过高估计人类征服自然的能力，相信“人定胜天”（《人民日报》2001 年 9 月 10 日）。显然，两种表述方式各有其语用价值：客观理性式，适合在对事物进行冷静分析时使用；主观意志式，适合在鼓舞人们排除万难去夺取胜利时使用。对于带有主观情绪的说法，不能用客观理性的标准去看待。“事在人为、心想事成”等等，也是如此。

在词义状态上，两种用法也有不同的理解选择。这表现在“胜”和“定”这两个词的含义上面。先说“胜”。几乎所有的词典，包括涉及古代汉语的词典，都把“胜”解释为“战胜”。主观意志式的“胜”肯定是“战胜”，但对于客观理性式来说，却较难解释“天定胜人”，因为客观事物按其自身规律运动和发展，不存在天对人发起意愿性挑战的问题。因此，最好把理性式中的“胜”解释为“胜于、胜过”。柳宗元：“人胜天，则善者行。”（《答刘禹锡天伦书》）陈光磊等编著《中国古代名句辞典》解释道：“人胜天：人力胜过天力。”（上海辞书出版社 1986 年版，第 877 页）这里解释“胜”，用了“胜过”，很恰当。再说“定”。主观意志式的“定”是“必定”，用作副词；客观理性式的“定”肯定不是副词，应该怎么解释？有的词典用“人谋、人众、人强”来解释“人定”，但“谋、众、强”都不是“定”字本身的直接含义。从最基本的含义看，“定”即“安/安定”。宗福邦等《故训汇纂》，“定”字条下共列训释 84 条，1—5 都是“安”（商务印书馆 2003 年版，第 564 页）；《汉语大字典》所列 24 个义项，第一项便是“安定”。（湖北辞书出版社、四川辞书出版社 1987 年版，第 918 页）“人安定”，意味着众人和顺协调，因而能够充分地发挥强大的潜能和力量；“天安定”，意味着大自然风调雨顺，因而同样能够充分地发挥强大的潜能和力量。正因如此，人有可能胜过天，天也有可能胜过人。如果用“安定”来解释“人定胜天”和“天定胜人”中的“定”，也许更符合事物的辩证关系。

语言发展的历史表明，“人定胜天”已经先后出现了两种用法。兼顾古今汉语的词典，“人定胜天”词条下面应立两个义项。对“胜”和“定”的解释，两个义项应有所不同。

应该指出：在从古至今的历史纵线上，词语的用法往往有所发展。更常见的情况，是意义上有所演变，不大涉及语法关系的演变问题。比如“陈陈相因”“钩心斗角”，现代人的理解都跟古代的原本含义相去甚远。有的情况，也会牵动语法关系的变化，但并不典型。比方“望洋兴叹”，“望洋”是个联绵词，表示仰视的样子，还有“盳洋、望羊、望佯、望阳”等写法，原本不是“望着海洋”的意思。到现代，常常可以看到“望楼兴叹、望河兴叹”之类用法。这么使用“望 X 兴叹”，显然有其心理基础，即内心里把“望洋”当成了动宾结构“望着海洋”。这就改变了联绵词“望洋”的原本结构关系了。然而，这毕竟只是活用，属于修辞现象。由于理解上的变化而引发了语法结构的变动，“人定胜天”特别具有典型性。这类词语，包括成语，到底还有哪些，一共有多少，各自的具体情况如何，很值得做深入的专题研究。

还应该指出：“人定胜天”中的“人定”，并未成为汉语的一个具有固定性的组合单位，即并未“词化”。有的词典收入了“人定”的词条，但表示的是“夜深人静时”的意思。比如白居易《人定》：“人定月胧明，香消枕簟清。”又如王建《寄杨十二秘书》：“人定犹行背街鼓，月高还去打僧房。”

（原载《光明日报》2007 年 7 月 19 日第 9 版）

漫话“有所不为”

邢福义

“有所不为”最早见于《论语》中孔子的一个论断：不得中行而与之，必也狂狷乎！狂者进取，狷者有所不为也。孔子所说的“中行”，后来孟子引述为“中道”：孔子“不得中道而与之，必也狂狷乎！狂者进取，狷者有所不为也”。孔子岂不欲中道哉？不可必得，故思其次也。根据张岱年主编《孔子大辞典》的解释，所谓“中行”，指能履行中正之道者；所谓“狂狷”，是孔子对仅次于中道之士者的称谓。朱熹指出：“狂者，志极高而行不掩。狷者，知未及而守有余。盖圣人本欲得中道之人而教之，然既不可得，而徒得谨厚之人，则未必能自振拔而有为也。故不若得此狂狷之人，犹可因其志节，而激厉裁抑之以进于道，非与其终于此而已也。”（《论语集注》卷七子路第十三）朱熹还称赞“狂狷”是有“筋骨”，有“节操”之士，人须有些狂狷，方可望（《朱子语类》卷四十三）。

孟子还对有关思想作了发挥。比如："人有不为也，而后可以有为。"（《孟子》卷八离娄章句下八）又如："人皆有所不为，达之于其所为，义也。"（《孟子》卷十四尽心章句下三十一）孟子把"有所不为"从教育范畴扩张开去，使之对人类行为具有更大的覆盖面了。宋·陈亮《酌古论·先主》："当理而后进，审势而后动，有所不为，为无不成，是以英雄之主常无敌于天下。"诸如此类的论述，都是结合具体的人或事，对"有所不为"所作的具体阐释。

如果把"有所不为"概括成为句法格式，便是"有所不X"，其中的X代表动词。所用的动词，多为单音节。在语意表达上，"有所不X"可以分为两大类。

第一大类，意向选择用法。审时度势，决定取舍，选择重要的事情去做，而不做或暂时不做某些事情。比如上举"有所不为"各例。又如："然则有所不为，亦将有所必为者矣；既云进取，亦将有所不取者矣。"（范晔《后汉书》卷八十一）这个例子，明晰地凸显了"有所不为"和"有所不取"的选择性。人的行为，分两个层次：其一是非为不可的，其二是可为可不为的。"有所不为、有所不取"之类，指的是后者。打个通俗的比方："泛地无舍，衢地合交，绝地无留，围地则谋，死地则战，途有所不由，军有所不击，城有所不攻，地有所不争，君命有所不受。"（孙武《孙子兵法》九变篇第八）"故君子之于爵禄也，有所辞，有所不辞。"（王充《论衡》刺孟篇第三十）"然子于父命，亦有所从有所不从。"（李大师、李延寿《南史》卷四十九列传第三十九）这种意向选择用法，肯定形式"有所X"和否定形式"有所不X"二者相互依存，形成一个选择性聚合。说"有所X"，意味着隐含"有所不X"；反之，说"有所不X"，意味着隐含"有所X"。

第二大类，据实表述用法。根据所见所闻所想所愿，陈述某件事情，所说的"有所不X"，不跟相对的"有所X"形成选择项，反过来讲，如果说"有所X"，也不跟相对的"有所不X"形成选择项。总之，不存在选择什么不选择什么的意向性内容，"有所X"和"有所不X"二者不形成一个选择性聚合。以"有所X"来说。2008年降临前夕，国家主席胡锦涛以《共同推进人类和平与发展的崇高事业》为题，发表了振奋人心的新年贺词，其中有这么个表述："努力使全体人民学有所教、劳有所得、病有所医、老有所养、住有所居，促进社会和谐。"显然，"（学）有所教、（劳）有所得、（病）有所医、（老）有所养、（住）有所居"等，表达的是对全体人民的关怀，绝对不存在相对而言的“有所不教、有所不得、有所不医、有所不养、有所不居”等语言现象。再以“有所不 X”来说。请看例子：“恐因一时喜怒，处置有所不当，卿等即当执奏，毋为面从，成朕之失。”（元·脱脱等《金史》卷七本纪第七世宗中）“将来闹出点子事情来……就是于贵领事亦有所不利。”（李宝嘉《官场现形记》第 53 回）“不过这和一般军事学上所说的‘闪击战’有所不同。”（刘流《烈火金钢》第二十四回）这三个例子，分别见于文言文、近代白话作品和现当代小说，其中的“有所不当”“有所不利”和“有所不同”，都不意味着在一个选择性聚合中存在有相对的“有所当”“有所利”和“有所同”。这类用法，出现频率最高的是“有所不知”，古今屡见不鲜。例如，子路问于孔子曰：“鲁大夫练而杖，礼也?”孔子曰：“吾不知也。”子路出，谓子贡曰：“吾以为夫子无所不知，夫子亦徒有所不知也。”

应该注意：意向选择用法，除了“有所不为”之类的单用，还有三种连用模式。其一，肯定形式和否定形式直接连用，即“有所 X+有所不 X”。比如上面例子中出现的“有所辞有所不辞”“有所从有所不从”。然而，查古代典籍，尽管可以见到“人有不为也，而后可以有为”“人皆有所不为，达之于其所为”之类前后对照的用法，却未见“有所为有所不为”。看来，“有所为有所不为”的连用，是经过发展演变而相对固定化的现代人的用法。至于开始于什么时候，出现在什么人笔下，笔者不知，有待进一步考察。可以肯定的是，我国进入新时期以来，这一用法越来越多见。比如：“这里，全线出击、一视同仁是不行的，而要‘有所为，有所不为’。”（《人民日报》1989 年 5 月 15 日）

其二，先说一个“有所为有所不为”，以此为基点，再说一个引发出来的“有所 X 有所不 X”。比如“有所为有所不为，有所赶有所不赶”。《江泽民文选》中出现了两次这样的连用。例如：“按照有所为有所不为、有所赶有所不赶的方针，集中力量发展我们自己的‘杀手锏’武器装备，以增强我军打赢高技术战争的物质技术基础。”（《通报中央政治局常委“三讲”情况的讲话》）这是一种从概括到具体地推衍递接的句法模式，在发展“杀手锏”武器装备问题上，把“有所为有所不为”具体衍化为“有所赶有所不赶”，从而使所要表达的意思不仅更加清楚明确，而且得到了突出强调，语言也显得活泼有变化。

其三，以“有所不为”为基点，略作点评，再引出一个较为具体的“有所不 X”，又略作点评。例如：“有所不为，为无不果。有所不学，学无不成。”（王安石《祭沈文通文》）这仍然是一种从概括到具体地推衍递接的句法模式，只是有所扩展。从“有所不为”到“有所不学”，由于分别加上四字点评，形成了四字格的二次连用，既增强了音律美，内容上又富于说理性。如果说，较为概括的“有所不为”是审时度势，不做或暂时不做某些事情，那么，套用到做学问上，便成为较为具体的“有所不学”。所谓“不学”，不是抛损基础的不学，不是随意取舍的不学，不是没有进退的不学，而是为了学有所成、学有所长、学有所专，为了凸显优势和形成自己的特色。

两千年来，“有所为有所不为”的思想常用常新。比如，人民网曾以《落实科学发展观发挥科技第一生产力作用》为题作过报道：“发展基础科学研究，要从国家长远发展需要出发，坚持有所为有所不为，尊重规律，突出重点……取得突破，攀登世界科学高峰。”在国学宝库中，“有所不为”显然是最为闪光的体现事物发展辩证法的语句之一。

（原载《光明日报》2008 年 1 月 14 日第 2 版）

“X 以上”纵横谈

邢福义

“X 以上”是一个重要的段位表示法。这一表示法，以 X 为定位起点，划出一个往上延伸的级度段，形成了相对固定的语法格式。从文言到白话，从上古到今天，这一格式的使用屡见不鲜，而且在现当代有了新的值得重视的发展。

一

让我们提三个问题，从三个角度观察古人笔下的这一表示法。

问题一：这一表示法中，充当定位起点的词语是一些什么样的词语？观察可知，凡是用来作为定位起点的词语，全都具有级度性，即代表在特定时空序列中某个可以往上升高的级度。从语言形式上看，可以分为两类。第一类，是包含数字的词语，用来表示段位起点的数量或次序。比如：“庚午，诏诸士卒年六十以上罢归于家。”（《晋书》帝纪第三）｜“度可得谷二百万石以上。”（《史记》卷二十九）例中“年六十、二百万石”表示统数。又如：“郡国被灾什四以上，毋收田租。”（《汉书》卷十）｜“秋分后，在日法四分之三以上者，进一日。”（《金史》卷二十二）例中“什四（十分之四）、四分之三”表示分数。再如：“文武官五品以上给楼船。”（《北史》卷一十二）｜“大率去南极二十度以上，其星皆见。”（《旧唐书》卷三十九）例中“五品、二十度”表示高低次序。第二类，是表示具有等级属性的名词语。有的表示官职或者社会地位。比如：“县令以上，加导斧车。”（《后汉书》志第二十九）｜“庶人以上，莫不蒸尝。”（《晋书》志第八）例中“县令”为官职，“庶人”为社会地位。有的表示以某一名物为代表的时空位置。比如：“盖唐、虞以上，事难该悉。”（《北史》卷四十七）｜“修身以上，明明德之事也。”（《大学章句集注》序）例中“唐、虞”为时间位置，“修身”为空间位置。诚然，凡是不具有级度性语义特征的词语，不可能成为定位起点。比如“湖光山色”，不能说成“湖光以上、山色以上”。

问题二：这一表示法中，“以上”是否包括作为定位起点的“X”？换句话说，“以上”是包括“X”，还是排除“X”？观察可知，古人使用的“X以上”是一种包括式，而不是排除式。有的时候，可以意会。举个容易理解的例子：“他的官虽是知府，只有道台以上的官请他吃饭，他或者还肯赏光。”（李宝嘉《官场现形记》第32回）论官职，道台高于府台，“道台以上”肯定包括道台。有的时候，还可以通过一些特定形式去理解。比方，在X前边加“自”。如：“爵自二级以上，有刑罪则贬。”（《商君书》境内第十九）｜“自公主、封君以上皆带绶，以彩组为绲带，各如其绶色，金辟邪首为带玦。”（《晋书》志第十三）例中，自X以上等于说自X起，自然包括X在内。跟“自”同义的，还有“由”和“从”。如：“由士以上则必以礼乐节之，众庶百姓则必以法数制之。”（《荀子》富国篇第十）｜“从士以上皆羞利而不与民争业，乐分施而耻积藏。”（《荀子》大略篇第二十七）

问题三：这一表示法中，往上延展的级度段有没有终止点？或者说，是否“封顶”？观察可知，就“X以上”本身而言，是起点明确，终点模糊的。比方“年六十以上”，“上”到多少岁，并不限定。有的自然可以意会，比方“侍郎以上”，肯定不会“上”到包括皇帝在内。不过，这只是靠知识来推断，格式本身并不提供有关信息。那么，如果需要“封顶”，怎么办？古人采用了以下办法。首先是“X以上”后边加“至”或“至于”，形成“X以上至Y”之类格式。例如：“女子年十五以上至三十不嫁，五算。”（《汉书》卷二）｜“士大夫以上至于公侯，莫不以仁厚知能尽官职。”（《荀子》荣辱篇第四）其次是“X以上”前后加“自……至”之类，形成“自X以上至Y”之类格式。例如：“自二千石夫人以上至皇后，皆以蚕衣为朝服。”（《后汉书》志第三十）｜“自佐史以上至于大吏皆权臣之党。”（《汉书》卷六十）再次是用“以下”对照限定，形成“X 以上 Y 以下”或“Y 以下 X 以上”的格式。例如：“调诸路猛安谋克军年二十以上、五十以下者，皆籍之，虽亲老丁多亦不许留侍。”（《金史》本纪第五）｜“四品以下五品以上，令预前一日赴南都署表。”（《北史》卷三十九）此外，还有一个办法，就是在“X 以上”后边指明数量范围，从而使“以上”受到了明确的限定。例如：“于是大定百官，置太师、丞相，自大司马以上七公，位皆上公，绿綟绶，远游冠。”（《晋书》载记第二）｜“凡鸿水渊薮，自三百仞以上，二亿三万三千五百五十里，有九渊。”（《淮南子》卷四坠形训）

二

了解过去，可以更好地认识现状。在现代汉语里，“X 以上”这一古老格式不仅继承下来了，而且有所发展了。引起发展的动因，是这一格式在含义上有时可能导致歧解。这需要把“X 以上”和“X 以下”联系起来加以讲说。如果说“X 以上”是以 X 为定位起点，划出一个往上延伸的级度段，那么“X 以下”便是以 X 为定位起点，划出一个往下延伸的级度段。跟“X 以上”是包括式一样，在古人笔下，“X 以下”也是包括式。例如：“自诸侯王以下莫不震恐肃敬。”（《汉书》卷四）这里用了“自”，肯定包括诸侯王。又如：“九十以上、七岁以下，虽有死罪，不加刑。”（《旧唐书》卷五十四）凭理性意会，“九十以上”肯定包括九十，“七岁以下”肯定包括七岁。然而，有一种特殊情况，这就是：“X 以上”和“X 以下”同现，X 所指相同。比如，本文开头所引孔子的话，其后还接有关于“中人以下”的一句：“中人以上，可以语上也；中人以下，不可以语上也。”（《论语・雍也》第六）又如：“如初数以下者，加减损益，因循前率；如初数以上，则反其衰，归于后率云。”（《旧唐书》卷三十八）对于这类 X 所指相同的用法，人们会提出疑问：如果恰好就是“中人”，恰好就是“初数”，怎么归划？

其实，按古人的理解，在“X 以上”和“X 以下”对举使用的情况下，“以上”用于包括，“以下”用于排除。如上例，“中人以上”包括中人，“中人以下”排除中人；“初数以下”排除初数，“初数以上”包括初数。然而，这毕竟只是一种心理认同的朴素说法。假若有人硬要较劲，打起官司，光靠朴素的认同感是不行的。说个小故事。甲方跟乙方买货，合同上写了“货到全交款”。乙方给甲方发了一部分货物之后便向甲方要钱，但甲方一个钱也不给。乙方的理解是“货到，全交款”，甲方的理解却是“货到全，交款”。

于是打起了官司，最后法院只好这么判决：乙方给了甲方多少货物，甲方就给乙方多少钱。这件事，见于《语文建设》上发表的一篇短文。

为了文字表达的精确，今人在“X以上”的使用上动了不少脑筋，作过这样那样的尝试，先后出现了三个新兴格式。其一，“X或X以上”。例如：“今年的试题以1977年入学的高等学校本科的优秀学生为对象，试题的难度是以这批优秀学生能取得及格或及格以上的成绩为准。”（《人民日报》1981年6月16日）这里，用“及格或及格以上”。其二，“X及其以上”。例如：“凡总投资在1 000万元及其以上的，要报国家计委（技改项目报国务院生产办公室）备案……”（《人民日报》1991年8月30日）这里，用“1 000万元及其以上”。其三，“X及以上”。例如：“地震使四川、甘肃、陕西和重庆共有23个地市、110个县的供电受到影响。35千伏及以上变电站受损247座，10千伏及以上线路受损1643条。”（《人民日报》2008年5月26日）这里用“35千伏及以上”和“10千伏及以上”。

这三个格式有一个共同点，这就是：它们都首先明确肯定包括X，然后再明确肯定包括比X更高的级度。形式上，连词“或、及”之类的添加嵌入，标明了格式的双层并合性。于是，含义确定，不再存在两解的可能。如果起个名目，它们可以叫作严密式。至于这三个格式的语用效应，比较地说，第三个格式最为简练。第一个格式，需要重复使用充当X的词语，有时会显得冗赘。比如说“35千伏及以上”，要比说“35千伏或35千伏以上”方便顺口。第二个格式，也嫌比第三个格式多了一个“其”字。正因如此，近年来第三个格式的使用频率越来越高。

三

那么，新兴格式产生了，传统格式是否会消失呢？不会。语法格式的发展，往往是累积性的，而不是取代性的。传统的“X以上”包括式和新兴的以“X及以上”为代表的严密式，不管是现在和将来，都会由于具体场合的不同需求而被选用。在需要精确描述的场合，人们会使用“X及以上”严密式。请看这个例子：“海外应聘者……一般应在国外获得助理教授及以上职位或其他相应职位。”（《人民日报海外版》2008年6月27日）这里用“助理教授及以上职位”。如果说成“助理教授以上职位”，那么那些身在海外的助理教授们就会嘀咕：自己到底是否符合条件？可见加个“及”字十分必要。不过，话说转来，“X及以上”毕竟属于书面语说法，并不口语化，因此，在一般的场合，在意思不会受到误解的情况下，人们还是会继续使用传统的

“X以上”包括式的。比如：“当今世界存在的主要宗教，佛教、犹太教有两千年以上的历史……”（江泽民《论宗教问题》）这是个政论文作品中的例子，其中用“两千年以上”，意思已够清楚，如果说成“两千年及以上”，反而别扭。再比如：“本人愿如此服务五十年以上。”（方方《桃花灿烂》）这是个文学作品中的例子，其中用“五十年以上”，符合说话口气，如果说成“五十年及以上”，便太不自然了。总之，新兴的严密式和传统的包括式会共存共处，各自发挥自己的作用。这一点，符合汉语朝着表现力越来越强的方向不断发展的总趋势。

（原载《光明日报》2008年9月1日第12版）

说“广数”

邢福义

本文提出“广数”概念，描述有关语言事实。

我们说话，经常用到10个最基本的数目字：“一、二、三、四、五、六、七、八、九、十。”这些数目字，除了表示定数（比如“三”是“2+1”，“五”是“3+2”），往往也表示概数。“广数”是跟“多数”“满数”相对的概念，都属于概数。到目前为止，学者们已经论说过“三、九”表示多数的用法，比方清代人汪中的《释三九》。也有学者论说过“十”与“五”表示满数的用法，比如张德鑫《数里乾坤》（北京大学出版社1999年版）指出：“我国古代发明了科学的、先进的十进位制记数法，其中就包含‘五进数’的观念。一五一十，十五二十……五跟十一样象征着完整、圆满和吉祥，人们追求十全十美、实实（十十）在在，也追求五谷丰登、五彩缤纷。”本文讨论的“广数”，是指用来表示广泛意思的数字。如果说，“三、九”表示多数，“五、十”表示满数，那么，“四、八”便是表示广数。

（一）关于“四X”

用“四X”表示广数，最具代表性的是“四方”。“四方”本指东方、西方、南方、北方，表示广数时则笼统泛指各方。比如：“及高祖镇太原，文静察高祖有四方之志，深自结托。”（《旧唐书》卷六十一）

“四X”中的X，往往是名词性语素。除了“四方”，常用的还有“四面”和“四海”。“四面”本指东面、西面、南面、北面，表示广数时则笼统泛指各面。例如：“贪利无耻敢于为恶之人，挟敌兴兵，四面而起，以求逞其所欲。”（《续资治通鉴》卷第一百六十八）“四海”一般用于泛指，等于说全国各地。例如：“是以贞观一朝，四海宁晏。”（《旧唐书》列传第六十九）此外，还有“四野、四外、四处、四下、四下里”等形式。或在上古就有，或在白话文作品中开始出现，都使用至今。

“四X”中的X，许多时候也用动词性语素。比如：“暮行河堤上，四顾不见人。”（唐韩愈《暮行河堤上》）“黄沙碛里客行迷，四望云天直下低。”（唐岑参《与独孤渐道别长句兼呈严八侍御》“四顾、四望”中的“顾、望”都是动词性语素。除了“四顾、四望”，“（弟兄）四散、（亡命）四窜、（红光）四射、（湖水）四溢、（风波）四起、（祸机）四伏”等，都是同样的结构，“四”字都起到了泛指广度的作用。

（二）关于“八X”

“八X”中，最具代表性的是“八方”。“八方”本指四方（东、西、南、北）和四隅（东南、东北、西南、西北），表示广数时，仍然泛指各处。例如：“洪泽丰沛，漫衍八方。”（《后汉书》卷十上）“自今以始，八方攸同。”（《宋史》卷一百三十七）“八X”中，也常见“八面”，但基本上只用于广数，泛指周围各个方面。例如：“逾时，风势八面俱至，终夜不止，如是者连日。”（《元史》卷五十一）“有好主意可以八面周全，不使太太们生气。”（《红楼梦》第73回）“八面威风、八面玲珑”之类，成了今天常见的成语。“八X”中，也有“八海”，泛指极为广阔的范围。例如：“十洲隔八海，浩渺不可期。”（陈陶《怀仙吟二首》）“八冥、八溟”和“八瀛”，跟“八海”同义。近代白话文作品中，偶尔可以看到“八海”；现当代作品中，不再出现。

在古代，跟“八方”语义相同、相通或相关的形式相当多。比如：“八圻、八都、八陲、八鸿、八宇、八寓、八区、八隅、八嵎、八镇、八维”等，跟“八方”相同或相通。又如：“八殥、八寅、八夤、八埏、八演、八极、八鄙、八裔、八际”等，指八方边远之地；“八幽、八纮、八蕃、八荒”，分别指“八方幽远之地、八方极远之地、八方蛮夷之地、八方荒远之地”。此外，还有“八表、八外”，指八方之外，即极远的地方；还有“八正”，指八方的和风（可参看罗竹风主编《汉语大词典》）。到近现代，上述形式定格在了“古词语”的位置之上，一般情况下不再使用，但是，又出现了两个表示广数的词语。一个是“八下里”，指很多方面。例如：“如今这事八下里水落石出了，连前儿太太屋里丢的也有了主儿。”（《红楼梦》第 61 回）另一个是“八辈子”，通过强调时段之大来形容时间长或程度深。例如：“快走，别啰嗦了，你欠咱们穷人八辈子血债。”（周立波《暴风骤雨》）“要再摸两手稀屎，才算倒了八辈子楣！”（杜鹏程《保卫延安》）

跟“四 X”一样，“八 X”的 X 既有名词性的，也有动词性的。例如：“黄帝西南，除八通鬼道。”（《汉书》郊祀志第五上）“洛阳道八达，洛阳城九重。”（《乐府诗集·洛阳道》）“八通、八达”都是“八＋动”。现当代不再见到“八通”，但“四通八达”成了常用成语，形容四面八方都有道路可通达。

作为广数的表达形式，“四 X”和“八 X”经常对照使用。例如：“恩流八荒，德溢四海。”（《盐铁论》贫富第十七）“恭己临四极，垂衣驭八荒。”（唐李世民《元日》）前例，“八荒”和“四海”对照使用；后例，“四极”和“八荒”对照使用。

（三）广数形式的应用

不同的广数形式，各有自己的应用场合。制约其应用的因素，主要有两个方面。

一个方面，是各个形式本身所蕴涵的语义。比如“四方”和“四面”，“四方”泛指四方各处，“四面”则泛指某一定位点的周围。正因如此，可以有歌词“走四方……一路走一路望故乡”，却不能说“走四面……”；反过来讲，可以说“茂生心不在焉地四面看看，对众人点点头”（陈世旭《将军镇》），却不能说“茂生心不在焉地四方看看，对众人点点头”。又如“四海”，泛指全国各处，跟“四方”的泛指含义基本相同，但是，“古以中国四境有海环绕”（《辞海》），正因如此，可以说“四海之内”，却不能说“四方之内”。

另一个方面，是各个形式在语用上的选择需求。以“八方”来说，比如：“双拳不敌四手，两眼难顾八方”（高晓声《陈奂生上城》），不好说成“双拳不敌四手，两眼难顾四方”，这是因为前边已经出现“四”字，后边选用“八”字句子才有变化，不致重复呆板。又如：“男儿志在四方”（陈忠实《白鹿原》），一般不说“男儿志在八方”；“老子一病入了土，娘改了嫁，剩下祖父拖着我吃八方（乞讨）”（陈世旭《将军镇》），一般不会说成“祖父拖着我吃四方。”这是由于语用上已经形成比较固定的用法。“八方”翻一倍，便成为“十六方”。这是个现当代为了特殊需要而采用的泛指形式，也表示各处。比如京剧《沙家浜》中，阿庆嫂唱道：“垒起七星灶，铜壶煮三江，排开八仙桌，招待十六方。”这是由于唱词是五字一句，用“十六方”才协调。

不同的广数形式，又有共同的应用目的。

除了某些形式有时表示定指，任何广数形式都有一个共同点，即用来泛指广数。那么，泛指的广数，广到什么程度？这要看广数形式的使用语境。总的说来，是泛指特定语境中特定范围内的时空。一般泛指空间；偶尔也泛指时段，比如前边提到的“八辈子”。

有的时候，广数形式可以泛指极为广阔的范围，不仅可以泛指普天下，甚至可以强调无边无际。在广数形式的前后，我们常常可以看到相关的词语。比方说，相关词语有时用“广、远、旷”之类。例如：“故广延四方之豪俊。”（《汉书》卷五十六）“梁王昔爱才，千古化不泯。至今蓬池上，远集八方宾。”（唐·韦应物《大梁亭会李四栖梧作》）“湖山四面争气色，旷望不与人间同。”（唐·元稹《酬郑从事四年九月宴望海亭》）前例用了“广延”，中例用了“远集”，后例用了“旷望”。又比方说，相关词语有时用“天下、天地”之类。例如：“秦地天下枢，八方凑才贤。”（《乐府诗集·白马篇》）“性好兴利，广收八方园田水碓，周遍天下。”（《晋书》列传第十三）“德配天地，光被八极，功垂于无穷，名传于不朽。”（《陆贾新语》辅政第三）前例出现了“天下”；中例不仅用了“广收”，还用了“周遍天下”；后例出现了“天地—无穷—不朽”。再比方说，相关词语有时用“无边、无际”之类。例如：“四顾无边鸟不飞，大波惊隔楚山微。”（唐·韦庄《泛鄱阳湖》）“一点英雄气，四顾浩无边。”（《全宋词·寿丘月林》）“四望浩无际，沉忧将此同。”（《全唐诗·早发杭州泛富春江寄陆三十一公佐》）前例出现了“无边”，中例出现了“浩无边”，后例出现了“浩无际”。

当然，强调范围之广阔宽泛不一定要有照应语。“四X”和“八X”对照使用，便可以起到这样的作用。例如：“泽周八荒，兵定四极。”（唐·段文昌《郊庙歌辞·享太庙乐章·象德舞》）“施张四维，缔制八宇。”（《宋书》卷九十七）上例，分别对照使用了“八荒”和“四极”，“四维”和“八宇”。特别是，有的形式，比如“四海”，本身就能突显广阔宽泛的意思。“四海之内，皆兄弟也。”这是见于上古文献《论语·颜渊》的句子。后来，不管在哪个朝代，使用频率都很高。到了现当代，“四海”成了一个极有表现力的说法。前些时，新生入学进行军训，在操场上意气风发地高唱《一二三四歌》：“一杆钢枪交给我，二话没说为祖国，三军将士苦为乐，四海为家，哪里有我哪里就有一二三四战士的歌！”“一条大路多宽阔，二月春风拂面过，三山五岳任我去，四海为家，哪里有我哪里就有一二三四战士的歌！”听着听着，深受振奋之余，不由得惊叹起汉语数字的美与奇。四海为家！新时代的战士，心怀伟大祖国，气盖万里河山！

汉语中，数字的运用富于民族特色，充满着浓厚的泥土气息，反映了华夏民族的传统宇宙观、美学观和民俗观。汉语的数字文化现象，有时犹如霁月彩虹，有时却又扑朔迷离，引人探奇。这是一个大题目，可以写成大部头的著作。本文讨论的，不过是大海中的一滴水珠，仅此而已。

（原载《光明日报》2009 年 5 月 18 日第 12 版）

“十来年”义辨

邢福义

一

“十来年”是多少年？略少于十年，还是略多于十年，抑或是十年左右？

作为概数说法的“X 来”，出现于晚唐。有学者认为，这一说法早期“表示略多”。有学者意见相反，认为早期“表示略少”。

《现代汉语规范词典》（2004）列出词条“来 1”，其中义项 4 的解释是：来，助词，用在数词或数量词组后边，表示概数，通常略小于那个数目（第 777 页）。按此解释，“十来年”通常在十年以内。这一解释，应是来自《现代汉语八百词》（1980）。该书的解释是：“表示大概的数目。一般指不到那个数目，有时也指比那个数稍大或稍小。”其实，早在 1957 年，吕叔湘先生就认为是左右：“十来个”是说从八九个到十一二个，“五十来个”是说从四十八九个到五十一二个（《吕叔湘全集》第二卷）。我对《人民日报》（1981—2006）进行过全面搜索，搜索面共计九百多万句，将近八亿字。经分析，得到了以下三点结论。

结论一：大多数用例，会“见仁见智”，不同的人有不同的理解。比如：“三十来岁的青年船长就有十多位。”（1981. 1. 7）如果孤零零地看这个句子，略大、略小和恰好三十岁的情况都是可能的。要较劲，谁也说服不了谁。概数的模糊性，可以引发理解的多样性。

结论二：少数用例，由于有特定的根据，可以确认“略多”或“略少”。然而，可以确认为“略多”的占压倒优势。一个方面，是“X来”在结构组织上可能有的模式。首先，是数字递增模式。例如：“你能不能用几句话，五句、十句或十来句话，给大家说得简单明了呢?”（1987.1.11）这里，“五句、十句或十来句”由少到多地递增，最后的“十来句”不可能少于前边的“十句”。其次，加“这”指代模式。例如：“王熙凤在夸宝玉屋里丫头小红嘴巧时，顺便埋怨自己一些佣人嘴笨：‘他们必定把一句话拉长了，作两三截儿，咬文嚼字，拿着腔儿，哼哼唧唧的，急得我冒火……’都是家常话儿，却中了写文章的一大弊。这二十来个字可以理解为思路不清，废话太多。”（1986.8.25）“这二十来个字”，指的是“把一句话拉长了，作两三截儿，咬文嚼字，拿着腔儿，哼哼唧唧的”（《红楼梦》第27回），实际上共二十五个字。另一个方面，是“X来”同客观事实的联系。首先，是公认的客观事物的常理。例如：“家养了二十来只鸡，现在正是旺季，一天二十多个蛋，十天半月就是三四百!”（1981.12.28）如果“二十来只鸡”少于“二十只”，怎么可能每天二十多个蛋？其次，相关数量的准确计算。例如：“‘文化大革命’十来年，顾不得她们了”，略多于十年。又如：“从艺十来年的李雪健打演‘匪兵’起，已扮过林彪、‘钢锉将军’等不下10回头号角色”（1991.3.2），有11年。

结论三：有的用例，由于有特定的根据，可以确认为“左右”。所谓特定根据，也举出两个方面。一个方面，是结构组织上可能有的概数模式。即“X来”中X本身是个概数。比如：“真正在市场上走红的也仅百十来家。”（2002.5.19）“我们从国内调来百十来人，到西班牙建设这个工程。”（2006.1.2）“百十”，《现代汉语词典》和《现代汉语规范词典》都列出词条，解释为一百左右。既然如此，“来”只能表示左右。“百十”本身是表示概数的词汇形式，而“来”，则是表示概数的语法成分，二者相互配合，形成一个结构。另一个方面，是相关数量的准确计算。例如：“周恩来同志写下‘大江歌罢掉头东’和《雨中岚山》壮丽诗篇时，不过二十来岁。”（1984.9.24）周恩来生于1898年3月5日，“大江歌罢掉头东”一诗为1917年东渡日本前所写，当时19岁；《雨中岚山》一诗为1919年回国前在京都游岚山时所写，当时21岁。可见，“二十来岁”涵盖了19岁和21岁。

统观全局，“X来”可以是或左或右，可以是既左又右，将其含义概括为“左右”，是能准确反映客观语言事实的。

二

晚唐五代以来的近代汉语，情况又如何？首先，需要比较一下“十来年”和“十年来”。学者们一般以为，概数助词“来”的最初形式是“以来”。不论来源如何，这里有必要指出：“十来年”之类和“十年来”之类，有很大区别。从语义上看：“十年来”的“来”指向“十年”，可以换成“以来”，明显表示时间的数量范围；“十来年”的“来”，则指向“十”，不能换成“以来”，明显表示概数。如果认为这两个“来”都是助词，那么，前者更像是范围助词，后者才是典型的概数助词。从语法上看：第一，“十来年”可以用在动词后边充当宾语，如“有十来年”“过了十来年”；“十年来”不能这么办。第二，两个“来”在词语的组配上有不同的表现。比如：表示典型概数的，可以说“四千来年、五千来年”，但不能说“四五千来年”；而主要表示范围的，则不受限制，“四千年来、五千年来、四五千年来”都可以说。可见，两个“来”不应混为一谈。

接下来，需要回答一个问题：表示典型概数的“X 来”，其含义是否只能在“略多”和“略少”之中二者择一？事实表明，跟现代汉语的情况一样，大多数例子会“见仁见智”。比如：“三处主持三十来年，匡八百众矣。”（《祖堂集》卷第十）“三十来”的含义，甲乙丙可以各自坚持己见。少量例子能够确认其多少倾向，但并非一边倒，偏向哪一边的结论都会受到反例的质疑。有的反例，会否定“略多”。比如：“人生天地两仪间。且住百来年。”（《全宋词》，韦骧《木兰花慢》）年到七十便为“古稀”。古人超过百岁的即使有，也极为个别。因此，上例的“百来年”，应在百年之内，即略少于百年。但是，有的反例，又会否定“略少”。比如：“紫玉和尚嗣马大师，在襄阳。师讳道通。未睹实录，不决生缘。襄阳廉师于迪相公，处分界内，凡有行脚僧捉送，无有一僧得命便杀。如是得无数。师闻此消息，欲得去相公处，众中觅人随师。近有十来人，师领十人。恰到界首，十人怕，不敢进。师犹自入界内。”（《祖堂集》卷第十四）为了明确语境，我多引了几句话。意思很明白：师要去相公处，找人伴随。师身边有十来人（概数），于是带领其中十人（定数）一起去。这里的“十来人”绝对不可能少于“十人”。这可是反映早期说法的《祖堂集》中的用例！

再接下来，自然就引发一个思考：有没有可能早期就表示“左右”？可以作为这一思考的前提的，是有的 X 本身表示概数。“X 来”如果表示略多或略少，X 必须是定数。比如“千来”，“千”必须是 999+1。要是“千”是概数，它本身便是一个左右晃动的数。看这个例子："徒夸篯寿千来岁，也是云中一电光。"（《全唐诗》，吕岩《寄白龙洞刘道人》）此例的意思，跟"云中一电光，人间千来年"之类相通，"千"不是个定数。诗句所要强调的是：不管夸说彭祖活到多少岁，即使是活到一两万岁吧，也不过是"电闪雷鸣"之间的事情而已。作为诗句，这是一种"虚写、泛写"的笔法。在语言形式上，其中的"来"不能替换为"以来"。可以作为旁证的是："天上一朝元五日，人间小住亦千年。"（《全宋词》，刘辰翁《双调·寿谢寿朋》）"千年"可说成"千来年"，"千"是概数。琢磨诸如此类的事实，可以得到一点认识："左右"义可能晚唐已有。

（原载《光明日报》2010 年 6 月 21 日第 12 版）

大器晚成和厚积薄发

邢福义

（一）大器晚成

"大器晚成"见于《老子》。《汉语大词典》解释道："大器晚成，谓贵重物器需要长时间才能完成。常比喻大才之人成就往往较晚。《老子》：'大器晚成，大音希声。'汉王充《论衡·状留》：'大器晚成，宝货难售。不崇一朝辄成贾者，菜果之物也。'……"（第二卷，第 1394 页）该词典同时列举了"大器晚成"的本义和比喻义。

就本义而言，历来多位学者和各种辞书的解释尽管字句有所不同，但意思跟上面的说法没有区别。《汉语大词典》还引用《论衡》中的句子，凸显"大器晚成，宝货难售"的并列使用，应是特意借以证明历来解释之无误。但是，《老子》第四十一章中以"大"起头并且排比在一起的小句共 4 个："大方无隅；大器晚成；大音希声；大象无形。"大意是：度量特大的方形，反而没有棱角；度量特大的器皿，总是很晚才能成就；度量特大的声音，反而难以听清；度量特大的物象，反而难以看到。由此看来，在句法构造上，4 个小句中，只有位居第二的"大器晚成"具有顺承关系，不能加上"反而"；前头和后头的 3 个小句却都具有逆接关系，它们都可以加上"反而"。这不能不引发一个问题："大器晚成"的本义，有没有别的解释？根据王光汉《“大器晚成”初义辨》（《合肥学院学报（社会科学版）》2008年第6期）一文的考证，“免”和“晚”可以互通，“盛”和“成”可以相通，“大器晚成”的初义应是“大器免盛”（邢按：大意为特大的器皿反而不盛东西）。是否如此，还需要作进一步的求证。然而，无论如何，这是一个值得重视的见解。当然，正如王光汉教授所说：“‘大器晚成’一语的字面义比较好解……语言是约定俗成的，语言中以非为是、以是为非的东西很多。‘大器晚成’已成成语，今人按世俗常用义去使用自无可厚非。”

“大方无隅、大音希声、大象无形”都没有比喻义，成了历史用语；“大器晚成”的“大器”，却产生比喻义，由鼎、钟之类转指杰出或突出的人才，使得这一用语获得了强大的生命力，因而数千年来常被使用而不辍。在这一点上，必须注意：人有大成，跟器物的造成不是一回事。人的成才，虽然并不绝对受到年龄的制约，但有一定的正常茂密期。只有过了正常茂密期而取得突出成就的人，才被认为是“大器晚成”的人。学者也好，运动员也好，都是如此，这两类人只是因为职业的不同而正常茂密期的具体时段有所不同罢了。

观察可知，具有比喻义的“大器晚成”，由于形容的是已过“茂密”期的人，在具体的语言运用中就出现了这样那样的用法，起着这样那样的作用。有的时候用来表示对特定人士的赞扬或敬佩。比如：“净修禅师赞曰：伏驮密多，大器晚成。”（《祖堂集》）有的时候用来安慰对方或者用来表示自我安慰。比如：“二位先生高才久屈，将来定是大器晚成的。”（《儒林外史》第49回）有的时候用来描述客观事实。比如：“刘易斯是少年得志，约翰逊是大器晚成。”（《人民日报》1988年9月27日）有的时候用来对事物的发展进行理智分析。比如：“大器晚成是中国画的一条规律，因为中国画是阅历、修养、功力的积累，涵养不到，格调、境界也就不到，这不是靠巧智可以捷达的。”（《人民日报》1996年8月15日）

（二）厚积薄发

“厚积薄发”是由“厚积而薄发”紧缩而成的成语。“厚积而薄发”见于苏轼《送张琥》：“呜呼，吾子其去此而务学也哉！博观而约取，厚积而薄发，吾告子止于此矣。”（《苏轼文集》，中华书局1986年版）这是苏轼送给同科考中的同事张琥的一篇杂说。

“厚积薄发”反映了我国学界历来崇尚的朴学精神，强调做学问要有厚实的功底，在厚厚地累积的基础上薄薄地挥发，以保证著述的谨严可靠，无可挑剔。这是一种优良学风。因此，这一成语常常用来劝导别人。例如：

"要珍惜时间，注意积累，厚积薄发。"（《人民日报》1996年3月4日）"劝君莫染轻浮气，厚积薄发效先哲。"（《人民日报》2002年1月17日）更常常用来赞扬那些可为楷模的人。例如："厚积薄发是他为文之道，耐得寂寞是他为人之道。"（《人民日报》1988年5月24日）"几十年的书海远航，培养了他深厚的史学基础和文学修养，一俟把笔为文，即可做到厚积薄发，从心所欲，而决无艰窘之态。"（《人民日报》1993年12月17日）

跟"厚积薄发"相反的是"薄积厚发"。目前，学风浮躁，某些导向性措施容易把学者尤其是青年学者引向急功近利。于是，写出来的文章往往"长平快"。文章长，质量平，写得快！这是"薄积厚发"的结果，对学科发展极为不利。这一点，已经引起了众多有识之士的高度关注和尖锐批评。举两个例子："现在某些学术文章往往不是深入浅出、厚积薄发，而是浅入深出、薄积厚发——本来研究很浅，但写出的文章似乎很深，若仔细推敲，却又言之无物，此即是这种虚华与浅薄的表现。"（《人民日报》1999年11月27日）"不少人做学问不是'厚积薄发'，而是'薄'积'厚'发，甚至'没'积也发，剪刀加浆糊，连篇累牍，好像'学富五车''才高八斗'，实则下笔千言，离题万里，'嘴尖皮厚腹中空'。"（《人民日报》2002年1月17日）

（三）"大器晚成"和"厚积薄发"的语用指向

从上面的例析可以知道：作为成语，"大器晚成"的语用重点指向成才的某个时段，"厚积薄发"的语用重点指向成才的某种学风。

凡是"大器晚成"的评说，都用于已过成才茂密期的人物。这种语用偏向性，决定了这一成语所表示的不是普遍适用的成才原理，因而不能成为教育学生、造就人才的定律。在大学中，对于青年学生，特别是20岁上下的本科学生，不应强调"大器晚成"。不然，会束缚他们聪明才智的及时闪光。至于上面提到的"大器晚成是中国画的一条规律"，这只是一种规律性的讨论，意在告诫青年人不要急于求成，而不是提倡压制青年人才华的喷发而无所作为地等待。

至于"厚积薄发"，则适用于强调传统优良学风的发扬。这种语用偏向性，也决定了这一成语不属于普遍适用的成才原理。比方说，从治学方法和成才过程看，"厚积薄发"容易被理解为：先要厚积，然后才能薄发。其实，如果过于执着于"积"和"发"的先后关系，不肯或不敢轻易动笔，结果会越拖年龄越大，越出不了成果。就过程而论，治学中应该以积促发，以发带积，二者互动，形成良性循环。常言："在游泳中学习游泳"，"在战争中学习战争”，“有多少热就发多少光”，“在实践过程中成长”。会做学问的人，总是边积边发、边发边积，再边积边发、边发边积，如此循环往复，螺旋上升，终于取得令人瞩目的成就。有人还著文指出：“当今信息时代在反映现实的层面上与生活大体同步而厚积薄发获得新闻效果，已不可能。”（《人民日报》1995年4月4日）这个命题，更涉及了信息时代和厚积薄发的关系。可见，跟“大器晚成”一样，“厚积薄发”也不宜在对青年学生的培养中作为一条教育原则来提倡。

国学宝库中，储存有许许多多名言，世世代代起着教育后来人的作用。但是，有的名言说的是普遍性道理，比如“有所不为”，“己所不欲，勿施于人”，不管何时何地，做人做事，都可以成为准则；有的名言却具有特定的语用适应性，比如“大器晚成”和“厚积薄发”，如果在教育年轻学子时被强调成为准则，便失之于保守。这一点，应该有所思辨。

（原载《光明日报》2011年7月4日第15版）

“诞辰”古今演化辨察

邢福义

按辞书的解释，“诞辰”即“生日”，名词。“诞辰”用于地位崇高、值得尊敬的人，其出现，自然比适用于所有人的“生日”为晚。据现在掌握的文献，最早见到的“诞辰”，应是唐中宗李显所题“十月诞辰内殿宴群臣效柏梁体联句”（《全唐诗》卷2）；而“生日”，则在东汉班固所写《白虎通·姓名》就已见到了：“殷以生日名子何？殷家实，故以生日名子也。”

但是，语言是发展演变的。据笔者的观察，在现代汉语里，“诞辰”有的时候已经演化为“诞生”的同义词，在特定结构中用作动词。本文讨论“诞辰”一词发生演化的两个结构模式。所据语料，引自我们单位制作的《人民日报》语料库。这是一个大型语料库，录入了从1981年到2012年3月的《人民日报》，延续时间31年。

“诞辰日”

“诞辰日”由“诞辰”和“生日”并合演化而成。几个问题，需要辨察。

第一，这个说法，有足够的事实来支持吗？王力先生说过："我们尊重的是事实，也就是实事求是。清朝人讲'例不十法不立'，我再加一句，'例外不十法不破'，也就是要摆事实讲道理。事实不足，道理不直，就有毛病。"（《语言大师王力与玉林》，《玉林日报》2009年5月25日）检索上述语料库，可以见到使用"诞辰日"的例子共73个，包括"黄帝诞辰日、妈祖诞辰日、李大钊诞辰日、林肯诞辰日、莎士比亚诞辰日"等，已经远远不是"例不十"了。下面是检索见到的第一个例子："1983年1月1日，是现代国际奥林匹克运动创始人顾拜旦120周年诞辰日。"（1983年2月5日）仅仅检索2012年1—3月，便可以见到三个例子："孔子的诞辰日那天，就是苏州的阅读节。"（2012年1月6日）｜"有不少人建议设置植根中华文化土壤的……中华师表日（孔子诞辰日）。"（2012年3月1日）｜"颁奖仪式定于2013年3月3日唐弢诞辰日进行。"（2012年3月22日）可见，"诞辰日"的使用频率不低，而且有越来越高的走向。

第二，既然"诞辰"就是"生日"，"诞辰日"便等于说"生日日"，这个说法通吗？通与不通，要看怎么理解语言事实。语言现象往往不是二加一等于三的绝对化关系。"诞辰日"是以"诞生日"的语义角色出现的，即"诞辰日"等于说"诞生日"。可以认为，"诞辰日"中"辰"的意义已被弱化而脱落。词语结构中，类似情况是存在的。比如，"国家""窗户"和"人物"，只指"国""窗"和"人"，"家""户"和"物"的语义弱化脱落；又如，好些地方称弟弟为"兄弟"，"兄"的语义弱化脱落。"诞辰"是文言词语，不在群众口头上经常使用，现代人大多数对"辰"字涵义的理解相对模糊，因而使用"诞辰日"说法时，只管语用的需求，而不考虑其原本表示什么意思。正因如此，出现新兴的演化模式，形成约定俗成、积非成是的说法，是可以理解的。

第三，"诞生日"是个现成的说法，为什么要另起炉灶，造出一个"诞辰日"？实际语言运用中，的确"诞生日"和"诞辰日"的说法都存在，但是，"诞生日"的使用数量少于"诞辰日"。"诞生"是书面语词，比"出生"庄重得多；但跟"诞辰"相比较，"诞辰"文言味更浓，显得特别古雅庄严，更能形容人们内心的崇敬高度。

第四，"诞辰日"的使用，跟语言结构的组配状态有没有什么关系？考察可知，有一定的关系。首先，有的时候，如果用本义的名词"诞辰"，会影响句子中词语组配的匀称美。比如："现行的世界读书日是英国诗人、剧作家莎士比亚的诞辰日与西班牙作家塞万提斯的逝世日。"（2011年3月14

日）这里“读书日—诞辰日—逝世日”对称呼应，要是不用“诞辰日”，说成“读书日—诞辰—逝世日”，句法的美感便会丧失。其次，如果用本义的名词“诞辰”，对于现代人来说，会觉得缺了点什么，感到极不自然。例如：“孔孟旅游区，今年10月孔子诞辰日开放。”（1987年7月30日）｜“他的名字屡屡见诸报端，诞辰日受到隆重纪念。”（2002年4月8日）——这两例如果分别说成“今年10月孔子诞辰开放”和“诞辰受到隆重纪念”，都会使人感到有点站不稳。这又从另一个角度说明，“诞辰日”的使用，跟现代汉语的语用需求相关。

“诞辰多少周年”

《咬文嚼字》2003年第8期设立专栏，刊登了8篇短文。认为“诞辰多少周年”不能说的，有2篇；认为“诞辰多少周年”和“多少周年诞辰”都不能说的，有2篇；认为“诞辰多少周年”和“多少周年诞辰”都能说的，有4篇（其中一篇为笔者所写）。该栏目的“编者附言”写道：“本刊的态度是赞成两说并存。”但是，到了2011年4月，笔者又看到一份关于语言文字规范的规定，其中仍然把“诞辰多少周年”判为病句。为此，笔者感到有必要再强调以下几点。

第一，面对语言事实。数据证明：现今文章中，“诞辰多少周年”的说法，远远多于“多少周年诞辰”。数据来自对上述语料库的全面搜索。以孙中山来说，“孙中山诞辰多少周年”和“孙中山多少周年诞辰”的说法都有。但是，31年的《人民日报》上，“孙中山诞辰多少周年”一共出现278次，而“孙中山多少周年诞辰”仅出现10次。再以鲁迅来说，“鲁迅诞辰多少周年”和“鲁迅多少周年诞辰”的说法都有。但是，31年的《人民日报》上，“鲁迅诞辰多少周年”一共出现132次，而“鲁迅多少周年诞辰”仅出现6次。

第二，面对词语原义。无疑，古文献里“诞辰”都用在“生日”的意义之上。本文开头举过李显的用例。同类例子不胜枚举。但是，上一部分的分析已经有力地证明，经过漫长时间的擦摩，在现代汉语里“诞辰日”的说法中，“诞辰”已经动词化，不再等同于“生日”。同样，在“诞辰多少周年”的说法中，语言使用者也把“诞辰”视同了动词。比如：“今年是鲁迅逝世60周年和法国文学家罗曼·罗兰诞辰130周年。”（1996年2月25日）这里，“鲁迅逝世60周年”和“法国文学家罗曼·罗兰诞辰130周年”对举使用，“逝世”映衬出了“诞辰”的动词性。

第三，面对语用导向。为什么“诞辰多少周年”的说法多于“多少周年诞辰”？其重要原因是句法组织的类化。比如“海南建省多少周年、西藏通车多少周年、茅盾去世多少周年”等说法常见于举行庆祝活动、纪念活动的场合。类化开来，“茅盾诞辰多少周年”之类说法便出现了，流行起来了。那么，既然可以把“诞辰”和“诞生”当作同义词来使用，为什么不直截了当地统一使用“诞生多少周年”？这里也有一个数据：31 年的《人民日报》上，“鲁迅诞辰多少周年”一共出现 132 次，而“鲁迅诞生多少周年”仅出现 15 次。诚然，“诞辰”更适合用于特别值得尊崇的人物，因而在“诞辰多少周年”格式中使用频率压倒了“诞生”。

语言学家不是语言的指挥官，而是语言的解说员。语言学家应该用发展的眼光尽可能全面地观察语言事实，不要拘泥于古法。事实上，关于“诞辰”一词的使用，语言学家们已经在顺应语言的发展观和群众观了。比如，在语言学界权威刊物《中国语文》上面，近年多次看到这样的标题：“黎锦熙先生诞辰 120 周年纪念暨学术思想研讨会在京举行”（2010 年第 4 期）｜“纪念高名凯先生诞辰 100 周年”（2011 年第 3 期）。这里，用的都是“诞辰多少周年”的模式。古人云：“论必据迹。”（欧阳修《或问》）“观天下书未遍，不得妄下雌黄。”（《颜氏家训・勉学篇》）重温朴学名言，可以得到启示。

（原载《光明日报》2012 年 4 月 16 日第 15 版）

“国学”和“新国学”

邢福义

《光明日报》国学版的创刊，有如一石激起千层浪，引起了学术界、教育界以及社会各界众多人士的高度关注。对于一门学科来说，五年时间太短了。然而，就这么五年的时间，“国学”这一概念却已经得到了令人惊讶的历史性发展。

2006 年 8 月，在《国学惊魂与现代语学》一文中，我谈过国学的定格和涌流，指出国学已经定格在了中国历史的框架之上，而国学精魂则一直涌流在中国文化传承的长河之中。这两年，我的看法有所改变，认为客观上已然形成“新国学”的概念。这一概念的形成，表明了学者们并非固守原来的国学阵地，而是在新的起点上研究国学，做继承创新的促进派。

任何概念都有其内涵和外延。新国学与原义国学相对比而存在，都在特定历史背景下产生。原义国学专指国故，范围相对确定，词典里可以列出词条，加以解释；新国学却是当今中国在继承原义国学的基础上发展起来的国学，范围十分宽泛，正处在形成和演变之中，想要确认其内涵和外延，恐怕还需要若干年。从概念之间的关系来说，既然有原义国学和新国学的并列，二者的上位概念自然便是“国学”。这样，“国学”便有了狭义和广义两个含义。狭义国学指原义国学；广义国学则指包括原义国学在内的新国学，即当今国学。《光明日报》国学版上发表的文章，总体看，是广义国学的文章。

是不是每一个国家都有“国学”？从理论上讲，是这样。但是，不一定每一个国家都会提出该国“国学”的概念。因为，这一概念是建立在特定的文化根基之上，并且在特定历史背景下产生的。中国之所以出现“国学”的专名，是因为：第一，中国的学术文化有悠久的历史渊源，上下数千年；第二，中国的传统学术文化极其辉煌，并且具有独特性和多样性，有益于全人类；第三，在特定历史背景下，中国的古代学术文化面临外学的挑战，处于受欺凌、受排挤的状态。当年，西学东渐，“国学”的概念正是在西学的侵逼下提出的。今天，我们又一次面对西学的侵逼，就语言学而言，其严重程度比当年更强，强到几乎要让人高呼：警惕中国成为某一个国家的学术殖民地或半殖民地！正是在这样的状况之下，国学热潮又一次掀了起来。我以为，当今兴起的国学热潮，既有利于中华文化的伟大复兴，又有利于助产具有中国特色的学术流派。这一点，意义极为重大。新国学的巨大生命力，就在于此。

那么，“新国学”应该如何处理跟外来理论的关系？以汉语语言学来说，百余年来，没有外来理论的引进，便没有中国汉语语言学的今天。但是，“引进”和“汉化”必须成为历史征程中先后衔接的两大阶段。“引进”，是先发的第一个大阶段，重点在于把国外理论应用于汉语研究，举出若干汉语例子来加以演绎；而“汉化”，即中国化，重点在于让国外理论在汉语事实中定根生发，使国外理论融入汉语研究的整体需求，从而建立起适合于汉语研究的理论和方法。“古为今用，洋为中用”，这是永远正确的一条原则。其中的“今”和“中”，指的是“当今中国”。从古代承传下来的理论也好，从外洋引移而来的理论也好，都必须统一到服务于当今中国的应用实践上面来。这样，外来理论也许有可能融入新国学，成为充实新国学内容的潜因素。

《光明日报》国学版，可以用“影响巨大”来评价。《礼记·中庸》：“博学之，审问之，慎思之，笃行之。”这几个小句，我觉得，很能表达国学版五年来在视野、思路、策划、作为等等方面给广大读者留下的深刻印象。

（原载梁枢主编：《国学精华编》，商务印书馆 2011 年版）

后　记

著名历史学家、教育家、华中师范大学原校长章开沅先生说，追求真理和培养人才是大学的首要职责，大学之光在于文化的积淀、精神的传承和学脉的延续。

2005 年 9 月 20 日，《华中师大报》刊登了邢福义先生《华中师大历史画卷上一个永远的亮点》一文。邢先生说，他在华中师大学习和工作已经超过了半个世纪。如果有人问他：华中师大最值得讲说的亮点是什么？他会毫不迟疑地回答：眷注学术，自强有为！

文中，邢先生讲了三件事：一是 1959 年 12 月 28 日至 1960 年 1 月 4 日，中文系跨越了两个年度，连元旦假日都利用了起来，如火如荼地开展群众性科研活动。发言者各抒己见，热烈争鸣。

二是 2003 年 12 月 26 日下午，在语言研究中心学术报告厅，文学院语言学系 2002 级本科生 32 人，独立举行班级学术报告会，按照姓名音序排列先后，一个接一个地走上讲坛，报告自己的小论文。邢先生出席了此次报告会，并撰写了短文《语言学系本科生举行学术报告会有感》，发表于 2003 年 12 月 31 日《华中师大报》。

三是十年“文革”也没有完全堵塞住华中师大学术研究暖流的涌动。华中师大中文系现代汉语教研室的教师们，从 20 世纪 70 年代初期开始，以集体名义，由湖北人民出版社出版了一套书，包括《现代汉语语法知识》《现代汉语修辞知识》《现代汉语词汇知识》《现代汉语语音知识》《现代汉语词义辨析》和《逻辑知识及其应用》。这套书，既可以看作专著，也可以用作教材。其中，《现代汉语语法知识》不断重印，印数达 100 多万册。此书很快产生国际影响，由日本学者加贺美嘉富翻译成了日文，于 1976 年由东京燎原书店出版。

邢先生认为，从 1959 年一个系（院）师生共同举行学术讨论会，到 44 年后一个班的学生独立举行学术报告会，二者之间在学术源流上是合乎逻辑的推演，历史性地证明了华中师大存在着优良学术传统的绵延。

华中师大不仅存在形式多样地开展学术讨论的传统，而且存在更深层面的坚持不懈"坐冷板凳"的传统。华中师大的学科建设，从表层的学术讨论到深层的学术创新都有其源流，这个源流经过时间的冶炼，很自然会逐渐凝练演化出带有华中师大印记的特色。现在华中师大语言学的研究路数，其实就是对40多年前《现代汉语语法知识》中提出的"以句法为主线建立现代汉语语法教学系统"学术思路的传承与发展。因此，从另一个侧面可以看到华中师大历史性地存在着优良学术传统的绵延。

邢先生说，一个眷注学术的单位，肯定会蕴蓄起巨大的发展潜能和影响。"眷注学术，自强有为"，这是华中师大历史画卷上永远闪烁着的一个亮点。在大家的不懈努力下，经过一辈接一辈的传承，这个亮点一定会越来越大，越来越亮，一定会使得我们华中师大在学府丛林中向世人展露出不愧为百年老校的学术风貌。

本书附录中的十篇选文，既是邢先生"年年岁岁　春夏秋冬"潜心学术的真实写照，也是华中师大眷注学术、承传学术和发展学术的侧面写真。

著名历史学家、武汉大学人文社会科学资深教授、首届荆楚社科名家冯天瑜先生在董中锋教授著《华大精神与人文底蕴——学人·学术·学养》一书的序中说，大学里学人的学术、学养体现一所大学的学术地位和精神风貌。华大学人们的智慧与成就，已然成为中国现代教育史、学术史的篇章，并构成宝贵的大学精神，具有劲拔的启悟力，足以激励后学循例进取。

在传承邢先生学术学养方面，笔者曾撰写了一本42万字的博士学位论文《邢福义国学视角语法研究与其三维学术思想》和一篇25万字的博士后出站报告《邢福义学术思想研究》，参与整理出版了12卷共600万字的《邢福义文集》，合编了一本20万字的《邢福义学术陈列室》，然后分别从学术史、思想史和文化史的角度展开了深入研究，独撰了研究"三部曲"——20万字的《抬头是山　路在脚下——著名现代汉语言学家邢福义》、33万字的《邢福义为学路》和21万字的《邢福义新国学文章之研析》。

跟随先生研习十七载，感恩先生的悉心教导。笔力至此，耳畔似乎听到先生在说："句号放大是个零，往前又是零起点。"面对新的途程，我该"赶路"了。

邓天玉

2024年6月30日